部 分 精 华 课 程

面试成功的诀窍

从性格出发，给自己一个清楚的职场定位

领导的任何一次发火都是我们表现的机会

选边站队是个大技术活儿

自己成了从前平级同事的领导，应该注意什么

如何跟领导谈涨工资

如何拒绝领导

遇到小人同事怎么办

不同性格的人混职场注意事项

老实人沙僧

一根筋唐三藏

多愁善感林黛玉

能力强不善争的林冲

正义强人武松

……

玩转职场

轻松晋升一本通

孔祥磊◎著

人民日报出版社
北京

图书在版编目（CIP）数据

玩转职场 / 孔祥磊著. -- 北京 : 人民日报出版社,
2021.1
ISBN 978-7-5115-6728-4

Ⅰ.①玩… Ⅱ.①孔… Ⅲ.①职业选择—通俗读物
Ⅳ.①C913.2-49

中国版本图书馆CIP数据核字(2020)第230650号

书　　名：玩转职场
　　　　　WANZHUAN ZHICHANG
作　　者：孔祥磊

出 版 人：刘华新
责任编辑：袁兆英
封面设计：异一设计

出版发行：人民日报出版社
社　　址：北京金台西路2号
邮政编码：100733
发行热线：（010）65369509　65369527　65369846　65363528
邮购热线：（010）65369530　65363527
编辑热线：（010）65363105
网　　址：www.peopledailypress.com
经　　销：新华书店
印　　刷：河北盛世彩捷印刷有限公司
法律顾问：北京科宇律师事务所 010-83622312

开　　本：880mm×1230mm　1/32
字　　数：170千字
印　　张：8.75
印　　次：2021年1月第1版　　2021年1月第1次印刷

书　　号：ISBN 978-7-5115-6728-4
定　　价：58.00元

驰骋职场，大多数人都可以做到

也许你是刚刚入职、希望快速适应职场的新人；也许你是工作两三年、渴望实现升职加薪的普通员工；也许你是工作五年以上、希望突破职场天花板的中层领导；也许你是工作十年以上、遇到职业发展瓶颈的中年管理层。无论你处于怎样的阶段，总不免会陷入职场发展的迷惘，渴望冲破眼前的迷雾，找到更宽广的发展空间。

无论你处于怎样的阶段、陷入何种困境，只要你想，都可以找到突破困难的方式，走向职场的新阶段。

19世纪末20世纪初，意大利经济学家帕累托发现了著名的二八定律。他认为，在任何一组东西中，最重要的只占其中一小部分，约20%，其余80%尽管是多数，却是次要的。后来，二八定律逐渐应用在生活中的方方面面，比如20%的人拥有80%的财富，80%的市场份额掌握在20%的强势品牌中。

如果把二八定律应用在职场上，可以说，20%的人属于职场顶级人才，80%的人属于普通人。在这80%的普通人当中，又有一少部分资质很差的人和一大部分资质不错的人。而读这本书的你，相信是属于后者，因为那一少部分资质很差的人，很可能不会遇到职场问题，因为他们很可能在面试时就已经被淘汰。所以说，资质不错的你无须过分担心职场发展之路，只要找到合适的方法，认真学习和思考，一定能迎来属于你的未来。

历来人们说职场发展，总离不开工作能力、人际关系、沟通技巧等。然而，道理听了很多，该运用的时候却仍不知从何着手。这背后的原因，一方面是对技巧掌握得不到位，还有一个很重要的方面，就是不同的人在面对同一情况时，需要使用的技巧和策略是不同的。

比如，我们都知道，赞美的力量是无穷的。但是，究竟该怎么赞美别人呢？有的人能言会道，赞美的话张口就来；有的人不善言辞，心里想要赞美别人，嘴上却什么也说不出来。有的人情商很高，开口便知道说什么话能让对方开怀；有的人比较木讷，一紧张反而容易好心说错话。同样是赞美别人，不同性格的人若是按照同一种方法去执行，效果可能会天差地别。因此，仅仅明白要赞美别人是不够的，还要找到适合自己的方法去运用。

这本书首先会带你认识职场发展的基本道理，然后将职场发展的重要因素讲给你听，最后，针对不同的性格，指明具体的职场发展策略，帮助每一个人找到适合自己的职场进阶之路。

当然，想要找到真正适合自己的进阶之路，除了要基于自身的性格，还要考虑自身的发展阶段。假如你是孙悟空般性格较强且能力超群的人，面对同一个问题，初入职场的你与在职场中打拼两三年的你，解决方案一定也是不同的。

另外，还有最重要的一点就是，想要驰骋职场，一定要把所学的知识加以运用，在运用中悟出一套属于自己的职场之道。如此，才能在职场发展中一路过关斩将，轻松享受心想事成的快意职场生活！

01

目录

目录

02

第三章　优秀员工应该具备哪些素质

第四章　驰骋职场不仅靠智商，还要靠情商

第七章　人际关系要处理好，特别是与领导的关系

第八章　与领导相处，你要懂得的几个基本道理

第一章

为什么公司

不像期待中

那样重视你

你见过默默无闻的人升职吗?

许多人认为,只要有真才实学,踏实努力,就一定能获得领导的青睐,迎来锦绣前程。现实是,不乏在岗位上默默奉献的人,始终无法获得晋升的机会。这背后的原因是什么?

"酒香不怕巷子深"的时代已经过去了,是金子就要发光,沉默注定将机遇错过!与其在沉默中被动等待,眼看才华被白白埋没,不如主动发光,找准机会展示自己不凡的能力,去吸引他人的注意。要明白,机遇一直都在,只是从不等人,它只给已经准备好努力绽放自己的人。

崔伯从小就被人夸赞"聪明伶俐",可是,面对这样的夸赞,他始终表现得沉默和谦虚,从来不喜欢向他人展示自己的成绩。

后来,崔伯大学毕业后,被一家外企的市场部门录用,担任策划分析员一职。仅仅半年时间,崔伯便凭着自己出色的能力得到了部门经理的信任。后来,在经理的推荐下,他晋升为经理助理,工资不仅比以前多了一倍,还被其他同事视为未来部门经理的接班人。可是,一年之后,就在大家准备庆祝新任经理上任的时候,却得到了一个令人意外的消息——经理的接班人居然不是崔伯,而是另有其人。

原来,在这次晋升之前,经理让自己最信任的两个人——崔伯与另外一名同样优秀的下属，一起参与了公司近期的一个项目。在做这个项目时，两人同时遇到了一项困难。崔伯独自绞尽脑汁、默默加班加点，终于将问题解决了。可是，在最后提交项目时，经理问是谁想出的好点子，崔伯却依旧沉默，而另外这名同事却毫不客气地包揽了全部功劳，因此经理最后选择提拔那名同事。

现实生活中，无论是已经红遍大江南北的明星大腕，还是倍受观众追捧的新秀，如果他们不懂得主动登台"秀"出自己的才艺，恐怕如今依旧是默默无闻、无人知晓。同样的，在职场中，即便你天赋异禀、才华横溢，如果你常常感到世事不济，感到自己的能力没有可以施展的空间，感到老板看不到你的付出，那很有可能是你的才华和能力没有通过有效的途径让领导看到。

其实，职场中总会存在着一些"时运不济"的人，他们工作比别人努力，得到的却不多，甚至有时候，事情明明是他做的，功劳却算到了别人头上。但当我们抱怨命运不济、领导不公的同时，有没有意识到，职场考验的不仅是我们能否把工作做好，更是考验我们能否积极恰当地秀出自己？

职场中，并不是所有人都能够幸运地被领导发现自己身上的"闪光点"，毕竟千里马常有，而伯乐不常有。不管怎样，想要有所发展，最好不要经常把抱怨挂在嘴边，不要做那个怀才不遇的"牢骚王"。如果你想成功，就必须让自己发光，即便光芒不是十分璀璨，至少也要引起他人的注意。

高夏是一家外贸公司的普通小职员，虽然她的工作能力并不差，但是一直以来都没能进入领导的视线。后来，她终于决定不再沉默，她想："既然你不来注意我，我就想办法让你注意我。"

公司每季度都会向员工征集工作意见、建议和方案，大部分人把这看作是走过场，敷衍着填写一下，高夏却极其认真地对待这件事，写下了详细的意见书和调整方案。在众多敷衍塞责的征集表里，高夏的那份一下子就引起了领导的注意，她的名字自然被记在了领导的心里。

公司召开会议时，领导常常会征求员工对某事的意见或看法，但是很少有人主动发言，都是领导来点名。过去高夏从未被点过名，但这次，领导却第一个让高夏发言。高夏侃侃而谈，分析得头头是道，领导不觉频频点头。

就这样，高夏引起了领导的注意，她的才能得到了充分的展示。对她来说，被擢升为部门主管已经是顺理成章的事。

如果真的想在职场中有所作为，我建议大家还是要学习一下如何吸引领导的目光，让自己的价值被领导看到。

是真金，就不怕考验！只有低情商的人，才会任由自己陷入怀才不遇的境地。有些人勇于展现，于是他们得到了自己想要的；有些人羞于表达，于是永远在原地踏步。天壤之别，只因处事的勇气和智慧不同。

所以，放下你的羞怯吧。如果你是一块金子，就勇敢地去表达自己，变被动为主动，让领导知道你的能力，看到你的工作成绩，这样才能打破你默默无闻的被动局势，实现晋升加薪。

怀才不遇？先看看自己是不是"真金"

在如今激烈的职场竞争中，不乏有人会发出"怀才不遇"的哀怨。他们虽然也有着令人羡慕的才华或天赋，却只能看着别人一马平川，自己却暗自神伤，在"无人问津"的焦虑中煎熬度日。

然而，细思怀才不遇的原因，除了不懂得适当展示自己的才华之外，还有一种可能，就是对自己的实际情况认识不足。毕竟，怀才不遇的前提是自己真的有才华。

有些抱怨公司不懂得重用自己的人，往往会频繁上演"跳槽戏码"。多次跳槽，换了十几份工作，仍然觉得不满意。除了抱怨的话越说越娴熟之外，从来不肯客观地评价一下自己到底是不是"千里马"，是不是"真金"。

李明向公司提出了辞职申请，这已经是他第三次跳槽了，而且，这次将近7个月的在职时间，是他在职时间最长的一次。问他跳槽的原因，他的回答很简单，只说："感觉自己怀才不遇。"

他的工作能力还可以，领导交代的任务基本能按时完成，于是就目空一切，认为自己堪当大任。事实上，他除了能完成领导交代的任务之外，从不主动承担更多责任，也不懂得主动思考，更无法领悟到领导布置工作任务的背后原因。而且，他和同事的关系也不大好，每次遇到需要团队合作的工作，总是与大家闹得不愉快，同事们都评价他太过高傲，脾气比本事大。

伯乐虽然能相马，但是，只有有实力的千里马才有可能被相中。就像刘备三顾茅庐，宗泽推举岳飞，王亚南赏识陈景润，等等。这不仅取决于"伯乐"，更多的是取决于人才本身，要先有真正的"才"，方有"遇"的可能。你想卓尔不群，必须具备鹤立鸡群的资本，而不是被淹没在茫茫人海，一味抱怨没有人慧眼识珠。

当然，要想做纵横驰骋的千里马，一定要有真本事。特别是在当下这个竞争激烈的环境中，只有不断给自己树立更高的标准、更严的要求，你才能更好地适应职场中的变化，不断提升自己的"战斗力"，为自己赢来更多被伯乐赏识的机会。

某家小公司招聘业务员，在众多求职者中，张深属于资历较深的一个。面试官觉得自己的公司恐怕用不起能力这么强的人，很诚实地对他说："公司目前尚处在发展阶段，恐怕不能支付给您满意的薪水，凭借您的能力，完全可以……"但意外的是，张深竟然接受了这份薪水只达到他期待薪资三分之一的工作。

入职后，张深每天都准时上班，拓展业务也是相当卖力。没多久，他的"功力"便显露无遗，业绩远远超乎老板的想象，为公司带来了很多收入。

之后，老板不仅破格提拔他为业务部经理，还大幅度地为他增加了薪水。在庆功宴上，张深诚心诚意地鞠躬，向老板表示感谢。

原来，在来这里工作之前，张深已经是原公司的主管，薪水也很丰厚。可是，一次海外投资失败后，总裁出国避债，他也受到牵连，只好另谋高就。由于经济环境不好，求职初期，张深多次碰壁，不是薪水无法达到自己期待的水平，就是职位与自己要求的相差甚远。那段时间，他一直为自己的"怀才不遇"而痛苦，也曾经抱怨过那些公司"不识货"。直到有一天，他在街边的广告牌上看到一句话："价格是别人给的，随时可以拿走；价值却是自己创造的，任何人也无法夺去。"于是，张深调整了心态，放下怀才不遇的念头，重新出发，才有了现在的结果。

由此看来，要想获得伯乐的赏识，首先要做一支价值倍增的"潜力股"，除此之外，还要为自己创造被伯乐看到的机会。

放下怀才不遇的念头，把注意力放在提升自己的能力上。让自己成为"真金"，再为自己创造被伯乐赏识的机会，公司一定不会对你的光芒视而不见。

别以为老板不知道你在投机取巧

在职场中，不少员工总是抱有这样的心态对待工作：公司是老板的，自己只是为老板打工的，没必要那么卖力，稍微偷偷懒也无所谓。

但是，事情真的是这样吗？且不说如此心态会成为自己能力提升的阻碍，这个世界没有不透风的墙，你的态度和行为实际早就在老板心中留下了烙印，你所表现出来的懈怠、懒惰，老板早就心中有数了。

庞岩是一家大型咨询公司的员工，他平时办事十分灵活，同事们常常夸赞他。可是，大半年后，他对工作认真投入的态度不复存在，反而将这股机灵劲儿用在了投机取巧上。

只要老板在公司，庞岩的工作积极性就显得很高。有时他做完自己的工作，还会帮着别人做一些事情，甚至下班后还装模作样地加一会儿班。可是，一旦老板不在公司，庞岩就大松一口气。他一会儿上网，一会儿看看与工作无关的报纸或杂志，或和同事乱侃一通，甚至有时候还偷溜出去逛一会儿。

有一天，看到老板来到公司，庞岩立即忙前忙后不亦乐乎。发现老板出去办事后，他立即玩起了手机游戏。结果老板回来取东西，将他逮了个正着。当时的庞岩立马吓白了脸，赶紧将手机藏起。老板看到他心虚的表现后，更加愤怒了，不仅扣了他当月的奖金，而且对他的印象一落千丈。

想要杜绝这样的心态，我们需要从根本上认清一个问题，那就是：我们究竟在为谁打工？

很多人反感一句话——你要用老板的心态去打工。他们认为这句话是老板为了让员工更加努力工作而创造出来的，完全不该相信。这句话是否有道理暂且不论，但我们出来工作，是希望用自己的劳动时间换取相应的报酬，然后用获得的报酬来改善自己的生活。说到底，我们当然是为了自己而工作。

那我们与老板的关系是什么呢？

老板有资金、有平台、有资源、有经验，但他一个人无法完成所有的工作，因此招聘员工来帮忙。员工有时间、有能力，但有的人没有平台，有的人没有资源，有的人缺乏经验，因此需要与老板合作。员工与老板的关系，其实是合作关系。

认清我们为谁而工作，也厘清我们与老板的关系，那么，在工作中该抱有怎样的心态就很清楚了。

工作劳累时，暂时放松一下是可以理解的，但如果把老板不在当作是绝佳的偷懒时机，吃亏的只能是自己。实际上，对大多数优秀员工而言，老板在与不在，他们的表现都是一样的，因为他们明白自己工作的目的。

孙元华之前是一名普通的银行职员，虽然薪水不高，但也足够满足温饱。后来，他出于兴趣，改行到了一家汽车公司做销售，虽然薪水只有原来的一半，但因为喜欢这份工作，他每天激情满满，工作动力很足。

　　当同事们都在抱怨薪水太低或工作太累时，他始终保持着积极的工作态度。对于老板交给他的任务，他总是把它们看作自我提升的机会，所以非常努力地完成。即使老板不在，他也照样十分负责地对待自己的工作。他还经常从前辈那里讨教一些业务小常识，常常是同事们都下班回家了，他还一个人默默总结工作中的经验，分析那些业绩好的同事们是怎样签下大单的。他的这些举动被老板看在眼里，老板时常鼓励他。

　　就这样，他不断地在每天的工作中汲取"营养"，积攒经验。从最初的一个不起眼的小业务员渐渐成长起来，成了老板眼中一个不可多得的人才。不久，他就凭着自己拿到的又一大单，成功晋升为渠道经理，老板也为他加薪不少。

　　每个人都是为自己工作。工作做得多，收获就会多；工作做得少，收获就会少。不要把老板不在当作偷懒的借口，因为那只会影响你今后的发展。为自己工作，就意味着要对自己负责，要把握好每一寸光阴，让每一分努力都有价值。

与其在意职场是否公平，不如找找自己的原因

在职场中，很多人喜欢追求公平。一旦遇到不如意的事，就喜欢抱怨"不公平"，情绪也变得消极，无法用心投入到工作中。诚然，职场中难免有一些不公平的现象，比如两人一起完成一个项目，付出的劳动并不完全相等，但获得了同等的奖金。这似乎很不公平，可是，绝对的公平真的存在吗？

在大自然中，狼吃羊是很正常的现象。对狼来说，这是公平的，对大自然来说，这也是公平的，但对羊来说，这公平吗？大自然中尚且没有绝对的公平，更何况是职场。

因此，公平与否，很多时候要看你站在什么角度。正如大自然是公平的，从总体来看，职场也是公平的。承担更多风险的人，更可能获得大的回报；工作能力强的人，更容易受到领导的重用。

在职场中，针对某一件事，实现绝对的公平很难。只有当你感到公司长期对你不公平时，那则可能是公司存在问题，或者，可能是你自身有需要提高的地方。

苗恩是一家公司的前台，她的工作内容繁杂又琐碎，非常需要细心和耐心。她人虽然机灵，做事却不够认真。虽没犯过大错，小错却不断。不是把办公用品的数量买错，就是把会议时间记错。领导虽然喜欢她办事灵活，却也经常因为她的马虎而批评她。

和苗恩关系不错的同事方敏是公司的人力资源专员，她虽然不善言谈，但为人和善，做事又认真，经常受到领导的表扬。

在公司的一次年会活动上，领导让苗恩和方敏一起负责水果的采买工作。领导特意交代，一定要买杨梅，因为公司邀请的大客户李总最喜欢吃杨梅。结果，两人统统把这项交代忘到了脑后。领导得知后，开口就批评苗恩："你做事能不能用点心？"然后转头对方敏说："小方啊，麻烦你再跑一趟吧，这些事交给苗恩我是不放心了。"

平时，面对领导的批评，苗恩都能虚心接受。但是，这次是她和方敏一起犯的错误，领导对她们的态度却截然不同，这让她觉得领导处理事情太不公平，因此十分气愤。

苗恩和方敏同时犯了同样的错误，领导只批评了苗恩，却对方敏和颜悦色，这看起来很不公平。但细想，领导的态度为什么会如此不同呢？在平时的工作中，苗恩经常犯一些小错误，她已经给领导留下了做事不够仔细的印象。而方敏平时工作认真，在领导眼中，她是一个踏实可靠的人，因此领导对她的态度还不错。

在职场上，遇到"不公平"的事情时，也是遇到了一个自我反思的机会。在开口抱怨之前，先认真想一想，这不公平现象的背后，是不是也有自己的原因。

张亮被猎头公司"挖"到一家大企业担任经理，尽管职位有了提升，薪水也涨了一大截，但他很快发现，部门的季度奖金总是与自己无缘，出国培训的机会也从来不会落在自己头上。

按照公司的规定，出国培训的名额是按照入职先后顺序和平时的表现分配的，但转眼一年时间过去了，比张亮入职时间短的同事都培训过了，而他还是没有得到这样的机会。

因此，在日常工作中，他会特意和经常获得奖金的同事加强交流，也会有意识地观察获得过出国培训机会的同事。渐渐地，他发现这些同事之所以得到更好的待遇，是因为他们不仅业务能力出众，而且都有一技之长。特别是那位比他入职时间短却获得出国培训机会的同事，他不仅是部门业绩第一，人际关系也是处理得最好的，平时还经常主动帮助同事解决困难，大家都很喜欢他。

张亮开始反思自己，业务水平虽然不差，却并不突出；平时虽然不会犯什么大错，却也没有做出太大成绩；除了直属领导知道自己的名字，公司的高层几乎没有人认识自己。于是，他明白了自己的问题出在哪里，开始虚心向优秀的同事学习，努力提高业务能力，加强与同事、上级领导的沟通。

果然，当季度的奖金名单里有了他的名字，半年后，他也获得了梦寐以求的出国培训的机会。

在工作中，当我们感到不公平时，首先要反思一下背后的原因，思考为什么自己的运气不够好，为什么领导对自己不够重视，为什么自己会遭到不公平待遇。找出原因后，主动出击，采取相应的办法来扭转局面。如果我们能化抱怨为学习的动力，花时间来提升自己，用努力来改变自己，用事实来证明自己，让自己成长起来，那么必将迎来更好的境遇。

想要加薪，先让自己拥有足够的资本

当今职场竞争越来越激烈，人们挣的不再仅仅是学历薪，资历薪，更有能力薪！无论是大学应届毕业生还是有着多年工作经验的职场老员工，要想获得高薪，都必须拥有实实在在的能力。

能力是决定薪水的重要标准。销售能力强的员工，能卖出更多产品；懂得挑选千里马的"伯乐"，能为企业招贤纳士；医术高明的大夫，能更快地帮助病人摆脱痛苦……有本事、有实力，才有加薪的资本。

许静在一家广告公司打工，入职前约定，工作满一年就可以涨工资。但是一年之后，她的工资没有任何变化。

于是，在一次帮领导送材料的时候，她问起为什么自己的工资没有变化。领导说让她回去等通知。她心中暗自庆幸："看来工资的事情还是要自己争取，要不是自己主动提出，加薪的事恐怕就没有希望了"。

第二天，她刚到公司，领导就找到她，对她说："真是不好意思，根据你入职时的约定，是该给你加薪的。但是，我和几位领导一起商议了一下，考虑到你在岗期间的表现，我们认为你可能还需要再适应一段时间。"

许静听到这里，火冒三丈，摔门而出，第二天便提出了辞职。

领导很痛快地为她办理了离职手续，并对她说："你的工作能力要是像你的脾气这么强悍就好了"。

当我们对自己的薪水不满意时，是不是应该先看看自己的工作能力是否达到了公司要求？虽说大多数情况下，薪资会随着工作年限的增长而增长，但如果把工作年限当作加薪的唯一标准，那可能是对职场规则存在误解。

想要薪资不断增长，工作能力也要不断提升才行。任何一个职场人，任何时候都不要放弃学习的机会。公司就是我们学习的平台，可以多利用工作的便捷条件，在实践中发现自己的问题，有针对性地提升自己。除此之外，还可以利用业余时间来开阔自己的眼界，提升综合素质。总之，要不断努力给自己充电，让自己拥有获得高薪的资本。

某公司对最新招聘来的一批员工进行了为期一个月的技能培训，培训结束后，员工正式上岗。这批员工的工作内容是将公司回收来的报废汽车进行拆卸，然后按照材料分类装车，送进钢铁厂。

就在公司将要为这批新员工发放工资的前几天，公司经理宣布，一名叫胡睿的员工将比大家多拿到500元月薪。经理告诉大家："大多数人拆卸一辆报废汽车至少需要4天，而胡睿只需要3天时间，工作质量也非常高。"

第二个月，发工资的前一天，经理又当众宣布，说胡睿的工资将再加500元。这次，有些人就不服气了，他们私下讨论，说胡睿肯定是靠溜须拍马获得了高薪。经理告诉大家："胡睿不仅工作效率高，他还把报废汽车上的铜、铝等材料都割下来单独分类，留待日后一起卖出更高的价钱，而你们却没有注意到铜、铝和铁的价格差异。仅仅两个月，胡睿就帮公司节省了2000多元。不仅如此，大部分人下班后，都没有把割铁用的氧气和液化石油气关掉的习惯，而胡睿每次都认真检查公司所有的机器和部件，确保节能与安全。"

后来，由于胡睿工作表现突出，董事长把他调到下属分公司做质量部负责人。胡睿在分公司工作期间，严把质量关，由他负责发往钢铁厂的废铁，从没出现过掺杂石头、沙子、砖头等恶劣情况。他常说的一句话就是："我要对得起自己的良心。"

现在，他已升至公司行政总裁经理，年薪也随之增加。

可见，任何一家公司的薪水都不是白发的。是否能获得加薪、是否有希望被提拔，表面上看，决定权在领导手中，但归根结底，是在你自己手中！

能力有提升，薪水才会涨。能力提升得越快、幅度越高，薪水就涨得就越快、越高。当你不断提升自己的能力，主动为企业创造更高的效益时，你的收入自然会节节攀升。

抱怨公司规模小？到了微软你就能干好吗？

"这家公司规模太小，我根本学不到东西，看来是没什么发展空间了。""领导真土气，看样子是无法带领我们致富了。""这个公司的管理简直一团糟，想当年，我在跨国集团的时候……"职场上，这样抱怨的声音屡见不鲜。但是，抱怨公司规模小、实力不够强的人，有没有衡量过自身的能力？在小公司都无法遥遥领先的人，到了大公司，真的就能做出成绩吗？

对每一个员工来说，影响自身发展的不是公司规模的大小，也不是当前职位的高低，而是能否专注于提升个人能力，适应不断提高的岗位需求。

袁立已过而立之年，他毕业于某重点大学，本应该有份不错的工作，但如今却只能待在家里，过着无业游民的生活。

袁立刚开始上班的时候，老板很器重他，经常给他锻炼的机会。但他有一个缺点，就是太喜欢发牢骚，平时不是抱怨公司晋升机制不合理，就是抱怨领导能力不够。随着工作年限的增长，不仅没有改掉这个毛病，反而变本加厉，经常当着老板的面抱怨不休，说公司无法为他提供更大的平台，不能给他更好的发展。

渐渐地，老板开始冷落他，有好的工作机会也不再给他。他非但没有意识到自己的问题，牢骚话反而更多了。后来，领导干脆辞退了他。

这之后，袁立又换过几份工作，但经历都与第一家公司相似，最终都是以被辞退收场。

每个人都希望获得更好的待遇，渴望舒适的工作环境、可口的一日三餐，工作累了可以随时进行按摩，乏了也可以随时安排外出旅游……然而，理想很丰满，现实很骨感，企业不是慈善机构，想要获得好的待遇，首先要为公司带来相应的价值。

任立平大学毕业后，来到了一家不到二十人的小公司。那时，他还是一位青涩的职场新人，工作能力一般，但有一颗向上的心。公司的其他同事经常抱怨公司规模小、领导管理能力差等，任立平却对这些全不在意，一心希望多学知识，尽快提升工作能力。

两年间，同事们陆陆续续辞职，又陆陆续续有新同事入职，只有任立平一个人坚守在岗位上，踏踏实实做着每一项工作。现在，他已经是销售部门的主力，业绩稳居第一，这一切都源于他的踏实努力。

公司准备开拓新的业务领域，需要大力培养一支优秀的团队，准备从基层员工中选拔出合适的人才来担任新团队的领导。

这次选拔，任立平便是备选人员之一。最终，上层领导一致决定提拔他为新团队的部门经理。他上任后，果然没有辜负公司的厚望，将部门带领得有模有样。

每个人都希望得到公司的重视，获得晋升的机会，但同时，很多人又会抱怨工作太多、付出与收获不成正比。这些爱抱怨的人，往往只看到了广阔的发展空间和高昂的薪资，却看不到别人的辛苦与努力。就算把他们放在更好的平台上，没有认真工作的态度和过硬的业务能力，最终也无法胜任。

面对那些在事业上很优秀的人，他们往往愿意把这些成就归结于运气。当然，每个人的成功多少都有运气的成分，但是，优秀的人身上总有些共同特点：他们不会抱怨公司，也不会抱怨社会，而是把全部注意力都集中在自己的工作上，认真、勤奋地完成好手中的工作，始终追求更高的目标，通过努力工作来体现自己的价值。

驰骋职场，你是否重点掌握了这七个要素

　　每个职场人都希望自己能有一番好的发展。如果把职场比作战场，没有人愿意做丢盔弃甲的失败者，大家都希望做一名合格的战士，甚至是优秀的将领。然而，优秀的人需要具备很多条件，除了有能施展才能的舞台，更重要的是有足够的个人能力。毕竟，发展平台是可以选择的，而一个人的能力，却是靠自己的本事一点一滴积累起来的。

　　想要在职场中取得一席之地，首先要看看自己是否掌握了这七个要素。

　　职场发展的第一个要素，是把本职工作做好。

　　如果你是一名职场新人，希望能尽快在公司做出成绩、获得领导的认可，最有效的方法就是把本职工作做好，用实力证明一切。就像财务专员就要把财务工作做好，销售人员就要把业务做好，设计人员就要把设计工作做好。每个岗位的员工都要各司其职，做好自己分内的工作。虽说在职场中的发展涉及方方面面，但只有把本职工作做好，在其他方面才有话语权、选择权。

　　职场发展的第二个要素，就是要把人际关系处理好。

　　毫不夸张地说，人际关系是工作中很重要的一部分。然而，很多职场人，尤其是从事技术工种的人员，没有认识到人际关系的重要性，他们认为只要把本职工作做好，就万事大吉。如果把公司比

作一辆汽车，把每一名员工比作汽车的零件，假设汽车上所有的零件都是顶级的，但是，如果各个零件之间无法很好地关联起来，方向盘与发动机不匹配，轮胎与车桥无法衔接，汽车看起来再高级，都无法正常上路行驶。公司的正常运转也一样，需要每一位员工的积极配合，而这个配合的过程就是人与人互动的过程，就是建立和维护人际关系的过程。

职场发展的第三个要素，就是要有高情商。

有一句话是这么说的："一个人的成功，20%取决于他的智商，80%取决于他的情商。"所谓职场情商，本质上就是识别、表达自己的情绪，感知他人情绪，并有效处理自己与他人关系的能力。在工作中，我们需要与同事、领导、客户、合作伙伴等各种各样的人打交道，而情商往往决定了我们与人沟通的效率。都说性格决定命运，在职场中，也可以说是情商决定了前途。

职场发展的第四个要素，就是情绪的控制。

在工作中，不如意的事情十有八九，难免会产生负面情绪。比如：工作原本做得很顺利，但新来的同事不熟悉业务，搞砸了某项工作，导致团队所有人的努力付诸东流，作为团队中的一份子，每个人都难免产生急躁、气恼的情绪；辛辛苦苦工作一整天，因为一个小小的失误，遭到领导严厉的批评，也很容易产生委屈的情绪。产生负面情绪在所难免，但如果不懂得控制和疏导自己的情绪，不仅会影响心情，还会直接影响到工作，甚至，倘若忍不住抱怨出来，传到相关人员的耳中，由此产生误会，还有可能产生更加严重的影响。所以说，情绪的控制也是职场发展的重要一环。

职场发展的第五个要素，是沟通的技巧。

无论是与同事讨论工作，还是向领导汇报工作，或者是与客户洽谈业务，都需要掌握沟通的技巧。职场沟通想要做到顺畅，一定要把握"有效"二字。有些人讲起话来，语句啰唆，没有重点，很容易让别人产生反感；有些人说话，不仅逻辑清晰，重点也突出，三言两语就能让对方听懂，甚至将对方说服。有效沟通能瞬间拉近人与人之间的距离，迅速建立信任，让工作变得更顺利、更高效。

职场发展的第六个要素，是读书和学习。

在职场中，每个人都难免遇到困难，找不到解决之法，就会陷入困境，导致个人发展遇到阻碍。且不论解决困境的外界因素，秉承一切问题向内看的原则，通过读书和学习提升自己，是冲破阻碍最有效的途径。职场中的大部分问题，归根结底都是由自身能力不足引起的，而有针对性的读书和学习，无疑是弥补自身不足，让自己变得更好的方式。

职场发展的第七个要素，是深度思考。

很多时候，我们看到的、经历到的，都仅仅是事物的表象。只有经过深度思考，才能看到问题的本质，领悟到更透彻的道理。人的思维如果不能在思考中进步，人是不可能真正进步的。要想获得真正的进步，就需要进行深度思考。平时，除了要注意将工作中的失误、与人沟通的欠缺处等进行深入思考之外，日常学习到的新知识也需要通过深度思考来变成自己的认知。

想要在职场中获得更好的发展，需要全面提升自己。可以将上面每个要素对应到自身，对比并找到自己相对薄弱的方面，有针对性地提升自己，一定会迎来更广阔的发展。

第二章

搞清楚公司请你来做什么

要持续为公司创造效益

日本企业家松下幸之助曾经说过："企业家的使命就是赚钱，如果不赚钱，那就是犯罪。"公司开门营业，就是希望能创造利润。对于普通员工来说，为公司创造效益也是责无旁贷的。

霍建宁是李嘉诚的爱将。据《香港文汇报》报道，2007年，李嘉诚给员工发薪金，获得资金最多的霍建宁将1.48亿港元装入了自己的腰包。按照香港一年约240个工作日计算，霍建宁平均每个工作日能赚62万港元。霍建宁的名字还不断出现在世界著名财经杂志上，并一度成为《福布斯》评选的非美国企业全球最高薪行政总裁的第一人。

为什么他每年能够从李嘉诚那里获得天文数字般的年薪呢？答案就是，他为李嘉诚的企业创造了巨大的经济效益。1979年，霍建宁加入长江实业。1993年，他登上和记黄埔总经理之位。当时的和记黄埔可是一块"烫手山芋"，受海外业务亏损的拖累，股价长期走低。霍建宁接手之后，用心经营，竟然很快转亏为盈。其后，他又借助赫斯基石油的良好表现，让公司在加拿大上市，为集团盈利65亿港元。此外，他还接手了亏损多年的欧洲电讯业务，运用高超的资本运作技巧，再次扭亏为盈，为集团盈利超过 1600亿港元，创造了全球商业界的一个神话。

在职场中，员工和老板的利益是相互的，员工为公司创造利润，公司也会回馈给员工相应的报酬。而且，随着公司实力的增强，员工的能力也将获得提升。

有些人常常抱怨自己得不到重用，拿不到高薪，无法获得晋升。在抱怨之前，是不是也该衡量一下自己能为公司带来什么呢？在任何一家公司中，老板看重的永远是员工能够创造的价值，谁能为公司赚取更多的利益，谁就将是下一个有待晋升的幸运儿。

梁一凡毕业于某名牌大学的计算机系，在校期间成绩十分优秀，毕业后顺利进入了一家生物公司做软件支持的工作。该公司的主要业务是医学仪器销售，而软件支持属于仪器售出后的附赠服务，并不直接为公司带来利润。也正因为如此，公司对他的个人能力要求不高，他的工作量也不大，工作十分轻松。

原本，梁一凡是一名有着雄心壮志的热血青年，但在这样安逸的环境下待久了，人就失去了斗志，变得懒散。他每天按时上下班，满足于领到的固定薪资，工作能力没有太大提升，对未来也没有太高的期望。

三年后，为适应整个市场环境的变化，公司进行了大规模整改，梁一凡所在的部门被裁。失去工作的梁一凡再次应聘，却因为自身能力不足屡屡被拒。

如果你渴望自己能在职场中有更好的发展，但你的工作岗位不是能够为公司创造较大利润的岗位，或晋升通道狭窄，天花板过低，那你可能真的需要认真想一想，是否应该重新选择，为自己寻找一条更好的出路，而非得过且过。

　　利润是企业与公司的命脉，也是每一位员工自身的保障。无论是公司还是个人，在如今这个竞争激烈的社会中，都面临着残酷无情的挑战。任何一家公司，如果要保证不落后，不沦为竞争中的淘汰者，就必须不断找出适合自身发展的各种途径。而员工也是一样，要不断挖掘自己的潜能，不断提升自己的水平，不断为公司创造利润。

　　戴尔·卡耐基曾经说过："一个不能给他人带来财富的人，自己也无法获得财富。你必须持续地为他人创造价值。"如果你没有能力为公司盈利，那对公司来说，你就没有价值，就可以轻而易举地被其他人替换掉。

公司需要解决问题的人，而不是把问题留给公司的人

职场里，很多人会产生这样一种误解：公司的领导应该比员工更积极，遇到问题时，首先站出来想办法的人也应该是领导，员工只要听从指令就好。

其实，每一份工作本身都是不断发现、解决问题的过程。解决各种问题，也正是公司聘用员工的目的所在。

英国大都会总裁谢巴尔德在位时有一句名言："要么奉献，要么滚蛋。"他要求他的下属在他面前不能仅仅做到发现问题，而要真正做到解决问题。他强调身为企业的一名员工，就要"在其位，谋其政"，不要找任何借口说自己"不能行""办不到"。

有一次，他让一名下属去解决一个难题。这名下属在向他汇报时，将难题进行了全面分析，并指出了难点所在，最后下了结论，说自己真的尽力了，但无论如何，这件事办不到。

谢巴尔德听到后，认为这名下属就是在心底里不想接受这份挑战。他轻声对下属说："够了，够了，现在我需要的不是这些好理由，而是要你仍旧照我的命令去做，否则，你就别做这份工作了。"

谢巴尔德的做法很正确，他就是要让下属明白，发现问题并不难，但作为一名称职的员工，要做到解决问题，而不是仅仅罗列出

无法完成的理由。

我们要清楚，上层领导是负责公司整体管理、为公司制订发展战略的人，而不是全体员工的"问题汇总站"。领导有自己的问题需要解决，而员工也应该认识到，解决问题是自己的职责所在。

工作中，每解决一个问题，就是一次体现自我价值的机会，同时也能获得自己的职场信誉，并树立良好的职场形象。

1985年，年轻的布伦达·库瑞加入了全球最具规模的联邦快递，如今她是这家快递公司的一名高级客户服务代表。

有一天，她正在上班，一阵急促的电话铃响了起来，原来是某医学实验室打来的。电话十分紧急，说有两个需要送往实验室的羊水样本还没有送达，如果不能按时送到，羊水会变质，两位提供羊水的孕妇也需要再度忍受抽羊水的痛苦。

放下电话后，布伦达·库瑞迅速对羊水的运送情况进行了查询，原来这两件样品就在附近的达拉斯市，但由于一些原因，无法按时送达。本来，这项工作不在她负责的范畴之内，但负责解决该问题的同事表示无可奈何，并不打算积极想办法。于是，她通过公司总部的远程呼叫系统截住了运送羊水的汽车，并且考虑到保证羊水的质量安全，又立刻赶回家中，将自己的小冰箱和备用电源搬上了汽车。然后，她与达拉斯市联邦快递的空运经理取得了联系，当天晚上的十一点钟，带着羊水立刻启程，搭上了去往凤凰城的飞机。次日一早，实验室人员准时看到了羊水样本。

后来，实验室人员告诉她，由于联邦快递运送及时，两件羊水样本完好无损，检测数据非常精确，而且她的这一举动，还救了四个人的命——两位年轻的妈妈和两个可爱的小宝宝。

当她的领导问她为什么这么做时，布伦达淡淡一笑，她说："这件事需要有人来解决，刚好，当时我在那里。"

布伦达·库瑞身上有一种高度的责任感，一种为了完成工作不惧困难的坚定品质。工作中，我们就要像她那样勇于做问题的终结者，他把每一个问题看作是自己的成长机会，努力借助解决问题的过程来体现自己的价值，发掘出自己的潜能。

解决问题是每一位员工的职责，把问题留给领导，只能证明我们的能力不够。面对问题时，敷衍了事，得过且过，抱着"自己做不了还有别人"的想法，势必会影响到个人前途。只有将问题留给自己、将成果呈现给领导的员工，才是真正优秀的员工。也只有这样的员工，才容易受到领导的青睐和提拔。

让领导做选择题而不是问答题

　　工作中的一些重大问题，一般需要由领导做决定。在向领导请示时，做下属的通常有两种做法：一种是直接询问领导的意见；另一种是提出几种可行方案，请领导定夺。

　　作为下属，给领导出"问答题"还是"选择题"，体现的是我们的工作态度。

　　当我们遇到问题直接向领导要解决方案时，就相当于主动放弃了思考的机会，久而久之，依赖性越来越强，解决问题的能力得不到提升。如果我们每次遇到问题后都能多思考、多斟酌，然后给领导提出具体的计划和方案，即使我们提出的所有方案都无法令领导满意，这也是一个进步的过程。

　　每到年底，某公司会为每位员工发放礼品，新来的办公室员工小梁负责起草礼品发放报告，交给葛经理审批。

　　没想到，小梁的报告交上去后，葛经理只看了一眼，便说："有时间再说吧。"可是，距离放年假的日子越来越近，再拖下去，小梁担心礼品就无法按时发放了。

　　小梁找到办公室主任，将情况如实汇报。主任很吃惊，因为往年的报告都是很容易通过的。他接过小梁手中的报告，边看边念。

关于新年期间为全体员工发放福利的报告

葛经理:

新年来临,拟向单位职工发放礼品,烦请指示礼品的价格和品类。

主任一边念一边摇头:"你这样写怎么行呢?难怪葛经理不批啊。"

小梁很迷惑。主任直接在自己的键盘上啪啪地敲了起来,不一会儿,便拟好了一份报告,打印出来递给小梁说:"拿去找葛经理,再试试看!"

小梁接过报告一看,只见上面写着:

关于新年期间为全体员工发放福利的报告

葛经理:

新年来临,拟向单位职工发放礼品,福利的价格界定在600元之内,经过大家的协商,礼品单列举如下,请参考定夺。

发放价值600元的现金;

发放价值600元的购物券;

发放价值600元的生活用品,包括油、盐、酱、醋、茶等。

请批示。

小梁拿着报告再次找到葛经理,经理看了一遍之后,很痛快地批下了:"为避免违反财经纪律,拟同意第三种方案,请办公室执行!"

小梁拿着报告回到主任办公室,为主任的判断力感到惊叹,但又弄不明白其中的道理。主任意味深长地解释说："工作中，要尽量避免给领导出问答题，领导喜欢的是选择题啊！"

　　一个小小的福利发放审批报告，在写法上都有这么大的学问，更何况是涉及公司切实利益的问题，更需要员工花心思提出解决方案。

　　作为下属，要明白，领导不喜欢"问答题"，因为他们没有时间和精力帮助我们寻找答案。主动为领导列出值得参考的选项，则是主动解决困难、有效为领导分忧的表现。这不仅是员工的职责所在，更是养成主动思考的习惯，快速提升能力的有效方式。

职场不需要"独行侠"，诸葛亮也有累垮的一天

诸葛亮是三国时期的蜀汉丞相，辅佐刘备建功立业，立下汗马功劳。在职场中，每个人都希望自己是如诸葛亮般能力超群的人，然而，职场从来没有"独行侠"，即便是智勇双全的诸葛亮，想要独自打出一片天地，都逃不过"鞠躬尽瘁"后累垮的命运。

要想一滴水永不干涸，唯一的办法就是让它汇入大海。在职场中，一名员工只有充分融入整个团队，才能充分发挥自己的能力，创造最大的价值。

李松是计算机专业的优秀毕业生，毕业后在一家软件公司做售后工作。有一天，他接到客户的反馈，说一年前在该公司购买的软件出现问题，请他立即解决。

李松入职时间不长，对公司的业务还不熟悉，特别是对客户反馈的那款软件，更是缺乏了解。但他自视甚高，认为凭自己的能力一定能独立解决这个问题，因此没有和任何人沟通，一个人埋头研究了很多天。

一周后，客户打电话催问结果，李松表示还需时间。又过了一周，客户终于不耐烦，直接将投诉电话打到了部门经理的办公室，经理这才得知这件事。经理让李松立即向经验丰富的同事小周请教，务必当天解决问题。

李松仍然认为自己有独立解决问题的能力，口头上答应了经理的要求，实际上并没有找小周请教。结果，三天后又遭到了客户的二次投诉。经理直接将这项任务分配给了小周，小周立即联合了几位同事，组成了一个重点研究小组，当天晚上就将问题解决了。

后来的工作中，李松虽然经常独立解决比较困难的问题，但他从来不与同事合作，严重影响工作效率，领导只好将他辞退。

古希腊哲学家亚里士多德曾经说过："一个生活在社会之外的人，同人不发生关系的人，不是动物就是神。"在一家公司中，同事之间最普遍的关系便是利益合作关系。如果一个人真的具备在某些情况下"独当一面"的本事，这当然值得称赞，但这并不意味着他能独立完成所有工作，至少无法以最快的速度完成。

卡耐基在《人性的弱点》中说："一个人事业上的成功，只有15%是由于他的专业技术，另外的85%要依靠人际关系、处世技巧。"随着职位的提升，需要通过与人合作来完成的工作越来越多，需要运用专业技能的工作将会逐步减少。这也正是专业、态度与人脉所架构出的"人生成功金三角"。

既然团结合作有着如此大的优势和魅力，为什么至今还有那么多的"独行侠"带着孤立他人的态度工作呢？

1.害怕被拒绝

当一个人向他人发出某种请求时，通常会遇到两种情况：一种是得到帮助，另一种就是遭到拒绝。很显然，遭到拒绝是一件令人不舒服的事情，因此许多人很难向他人发出请求。其实，向对方开口求助这一行为，只不过是抛出一项求助讯息，尤其是在职场中，向他人求助是一件十分普遍的事情。被拒绝的原因也有很多：可能是对方能力不够，无法为你提供实质性的帮助；也可能是对方太忙，实在没有时间帮你解决。即便遭到了拒绝，也没什么大不了的，不必害怕。

2.认为开口求人很没面子

个人的能力总是有限的，每个人都需要别人的帮助。比如，当你迷路时，最快的解决方式是开口问路，而不是毫无方向地乱撞。不要认为开口求人就是丢面子，反而，勤于请教的人能给人谦虚上进的印象，这也是一种为自己加分的机会。何况，在职场中，面子并不重要，本事才重要。当我们在一次一次向人请教中增长了本领，这才是最有面子的行为。

3.认为处好人际关系是浪费时间

"人生成功金三角"中，一个人的成功，人际关系和处世技巧占85%，所以，人脉很重要。不愿意用更多的时间去处好人际关系的人，可能离成功已经很远了。如果你还向往成功，就应该拿出精力，积极投身于人际关系的维护之中，让你的职场之路走得更宽更顺。

4.认为贸然向别人开口很唐突

有这样的担心其实是可以理解的，但同时我们也要明白，不要在用到别人的时候才和别人讲话，平时就应该经常保持沟通，时常给别人提供帮助。要认识到，帮助别人就是在帮助自己，为别人服务就是在为自己留机会。如果你经常向别人施以援手，当你需要帮助时，可能不需要开口相求，别人就会主动来帮助你。

工作中的成就感，很难从"独角戏"中获得。不懂得合作的职场人，很难取得事业的成功。

多说"我们"，少说"我"

在职场中，有集体观念的人更容易走得长远，而集体观念表现在语言上，就是多说"我们"，少说"我"。

很多时候，我们习惯一开口就是"我"怎么样、"我"认为。在职场中，特别是在团队中，经常这样表述，难免会给人不舒服的感觉。如果换成"我们"怎么样、"我们"认为，仅仅多了一个字，感觉就完全不同。

一次，某公司组织大型会议，要求每个部门请一位代表来做部门整体工作汇报。

在会议上，销售部的小赵进行了整整二十分钟的演讲，详细阐述了自己为公司和部门做出的贡献，丝毫没有谈及其他同事的功劳。并且，关于部门未来工作的计划，也是经过了部门所有同事的共同商讨确定的，但她在会议上却将这些全都说成了自己努力的结果。她说："经过一周的认真考虑，我个人认为，销售部的工作重心应该放在……为了完成这样的目标，我一定会……相信我的努力，一定会让部门的业绩更上一个台阶。"

会议结束后，她本以为会受到领导的表扬，结果，领导对她说："真遗憾，你失去了所有的工作伙伴。"

小赵怔了怔，不明所以地问道："没有呀，他们不是都好好地坐在这儿吗?""哦,我听见你刚才的汇报中一直谈论'我'怎么样,难道销售部的工作和其他同事们没有任何关系吗?"

向领导汇报工作时,要学会多说"我们"。哪怕你是团队工作中付出最多的一位,也不要过分强调自己的功劳,这样会让领导认为你好大喜功,特别是有众多同事在场的时候,同事也会对你心生反感。你的努力与优秀,领导能通过各种途径了解到,而当你汇报工作时,强调别人的功劳,反而会让领导认为你是一个谦虚、有集体荣誉感的人。

《福布斯》杂志上曾登过一篇《良好人际关系的一剂药方》的文章,其中有几点值得借鉴:

> 语言中最重要的 5 个字是"我以你为荣"。
>
> 语言中最重要的 4 个字是"您怎么看?"。
>
> 语言中最重要的 3 个字是"麻烦您"。
>
> 语言中最重要的 2 个字是"谢谢"。
>
> 语言中最重要的 1 个字是"您"。
>
> 那么,语言中最次要的一个字是什么呢?是"我"。

我们开口说话时,一定要注意细节,多说"我们"。例如,将"我提议,明天中午……"改成"明天中午,我们……好吗?"会更加突出集体,让人听来更加舒服,缩短我们和其他人的心理距离,增进彼此间的感情。

在职场中说话,就像是在驾驶汽车,要随时注意看交通信号,而职场沟通的"信号",就是别人的态度与反应。如果你的话让别人产生反感，就相当于红灯亮起，若仍然不顾一切地向前冲，闯祸就是必然的了。避免这种情况发生的有效方法，就是牢牢掌握语言的"交通规则"，少谈自己，多谈大家。

当然，说话时总会不可避免地讲到"我"。如果是要说明自己的功劳或成果，可以将语气放得平淡些，把重点放在事件的客观叙述上，不把"我"字说得太重，也不要把语音施长。

办公室从来不缺聪明人，
缺的是看起来"笨"的聪明人

想在竞争日趋激烈的职场获得一席之地，依靠自己的才能去赢得一个好的发展机会是无可厚非的。不过，在职场中，和同事、领导沟通时，一定要注意时间、注意场合、注意方式。尤其是在众多同事面前，态度要更加诚恳，否则，很容易引起别人的反感。

当然，遇到合适的时机，还是要懂得抓住表现自己的机会。但大多数情况下，要学会适当掩饰自己的锋芒，得意时不要张扬，失意时也不要抱怨。

夏明大学毕业后就职于一家外资企业，有着五年的工作经验。后来，他跳槽来到现在这家公司。谁知，刚上班不久，经理就找他谈了一次话，大致意思是：既然你的能力很强，那我随时准备你来接替我的位置。

原来，他经常在众人面前指出领导工作上的问题，伤了领导的颜面。实际上，夏明确实认为自己可以取代经理的位置。虽说经理的业务能力也不差，平时处事问题的方式存在一定问题，而且学历不高。面对经理的主动让位，他心里非常得意，完全听不出经理已经很看不惯他张扬的作风。

他不仅对领导不够尊重，平时和同事讨论问题时，也经常语出伤人，不仅常常当众指责同事的错误，还会故意耍些小聪明，捉弄能力不如他的同事。

久而久之，同事们都不愿意与他一起工作，经理也不再把重要的工作分配给他，反而是能力不如他，但态度更谦虚的同事获得了更多的发展机会。

工作能力强，这是一件很值得高兴的事情。但是，在追求卓越的同时，一定不要过分张扬。毕竟，在公司工作，总免不了与别人合作，平时低调一点，做事情的时候多考虑别人的感受，才能拓宽自己的道路。特别是才华出众的人，在获得别人羡慕的同时，也难免遭人嫉妒，这是非常正常的，但倘若不懂得巧妙化解，则很容易产生矛盾，阻碍个人发展。

张川是公司的金牌销售，每个月的业绩都是部门第一。李经理是张川的直属领导，同时也负责一部分销售工作，虽然他的业绩不计入每月排名，但大家在私下里还是会拿他与张川进行比较。特别是，有时候张川的业绩竟和李经理的业绩不相上下，大家在赞扬张川的时候，难免替李经理感到危机。

虽然李经理表面上经常鼓励张川，但他知道，李经理心里多少有些不舒服。所以，每当张川的业绩有超过李经理的势头时，他便会在即将签下后面的订单前，对李经理说："经理，在您的栽培下，我又能替公司签下这么大的单子了。要不是您帮我，我怎么能有那么好的运气呢。这个订单，理应是您的业绩，是您工作太忙，才让我有了这次机会，所以，这个业绩应该算在您名下。要是您体恤我跑腿辛苦，提成您可以分给我一点儿，嘿嘿，经理，跟着您干，我可太知足了。"

正是张川巧妙的处理方式，让李经理对他没有了戒备之心，反而经常向上级领导举荐他。没过多久，李经理就升任副总监，张川则接替了李经理的职位。

很多人会问："掩饰锋芒岂不是等于掩饰能力？这样一来，别人还怎么发现我、赏识我呢？"不错，在适当的时候，我们要展示自己的实力和才华，但是，展示才华并不代表要锋芒毕露，有才华的人更要注意自己的言行，要让才华为自己铺路，而不是让才华反误了自己的前程。

进取之心人人都要有，但切不可操之过急，踏踏实实迈好每一步，团结同事、尊敬领导，凭借卓越的才华和端正的态度，来实现自己的职业理想。

第三章

优秀员工应该具备哪些素质

主动承认错误，问题就解决了一半

在职场中，领导最喜欢什么样的下属呢？是能力超群的，还是工作严谨的？

其实，比起这些，领导更看重的，应该是犯了错误后能主动承担的品质。这是因为，每个人都是在挫折中成长的，犯错不可怕，可怕的是不承认错误。能正视自己的错误、主动提出解决办法的人，一定是领导眼中的好员工。

一天，小王迟到了，和小王一起迟到的，还有同事小张。领导问他们："今天怎么又迟到了？"小王刚想说是因为堵车，同事小张先开口了："领导，对不起，没想到今天路上堵车这么严重。也怪我，昨天晚上熬夜整理资料，睡得太晚了，今天起床就晚了点儿。资料我已经整理得差不多了，再检查一遍就可以发给您，肯定不会耽误您十点钟的会议。以后我一定多加注意，早睡早起，多定几个闹钟，绝不敢再迟到了。"

如果你是领导，听了小张的这段话，你还会为他迟到感到生气吗？

可见，在职场中，犯错不可怕，重点是犯错后要采取怎样的行动。一般来说，向领导承认错误包括四个步骤，缺一不可。

1.直接说明原因

犯错的直接原因是一定要说明的，比如小张迟到的直接原因是堵车，这一点一定要告诉领导，并且要如实说明，不要撒谎，哪怕是善意的谎言，最好也不要。因为再善意的谎言也是谎言，也许这样的谎言不会给领导造成伤害，但被人欺骗的感觉总是不好的，一旦被领导发现，你在他那里的印象会大打折扣。

2.主动承认错误

说明直接原因后，还不算结束，还要向领导承认错误。承认错误时，要说明犯错的理由。比如，小张的理由是起床起晚了，由此还说出了自己熬夜整理资料的事情，这个理由不仅能让领导瞬间消气，还说明了自己的工作状况，巧妙地为自己加分。当然，不一定所有人迟到的原因都是前一天晚上熬夜工作，如果是熬夜看球赛，或是陪女朋友逛街太累了，也可以如实说明，这会让领导感到你是一个诚实的人。

3.提出补救方案

当你承认错误之后，领导的怒气大概就消得差不多了，这时候，可以再进一步给出对错误进行补救的方案。如果是比较严重的错误，给出补救方案后，还要立即执行，用行动来表明自己的态度。

4.明确不会再犯

犯错不可怕，但反复在同一个问题上犯错就不好了。因此，要向领导保证不会再犯。就像小张所说，以后早睡早起，多定几个闹钟，避免起床太迟的问题。

知错能改是衡量一个人能否进步的重要标准。当然，如果犯了很严重的错误，还要看这个人能否力挽狂澜，并从错误中吸取教训，让以后的工作更加顺利。

老常是一家金融公司的投资顾问，几年前，正当他事业如火如荼的时候，却在一次看似十拿九稳的投资上失败了。那是由于一次粗心的分析，导致数据出现偏差，让公司损失了一笔巨额资金。事情发生之后，老常没有推脱自己的责任，而是主动诚恳地向领导道歉，认真总结这次失败的教训，并向领导保证"一定不会犯同样的错误"。

就在同事们为老常这次失误造成的损失议论纷纷的时候，老常已经找到了犯错的主要原因，并且也找到了在以后的投资过程中避免重现这一悲剧的有效方法。不久后，老常又集中精力投入到了新一轮的投资活动中，这次投资，他以近乎完美的结果向大家展示了他的实力，不仅挽回了上次的损失，还额外盈利了不少。

老常说："人如果能时刻反省自己的不足，那么，上一次失败的教训，就是这一次成功的秘诀。"

每一项工作都是由人来做的，每个人都难免犯错，工作中做错事情是再正常不过的。然而，有些人犯了错，生怕领导会责怪自己，不敢承认，拼命掩盖自己的过失，更有甚者，会栽赃他人。殊不知，每一位领导都会给下属留出犯错的空间。事实上，真正能让一个人获得尊严的，正是正视自己的错误，并想办法弥补过失。

工作做得好，并不意味着永远不出错，想要在犯错中获得成长，需要从弥补过失开始。

经常加班与表现优秀并不画等号

在如今竞争激烈的职场中，很多员工为了保住自己来之不易的职位，谋得更好的发展，不得不将职场生物钟拨到八小时之外。这让越来越多的人产生了一种误解，认为经常加班与表现优秀画等号。

林枫毕业以后，经过多番努力，终于在一百多人的面试队伍中脱颖而出，成功加入到一家自己比较中意的公司。初入公司，他总是按时上下班，这样过了一周以后，他开始感觉到不大对劲，因为每次下班时，除了他，别人都没有要走的意思。

随着接管项目和业务量的上升，他的工作也逐渐忙碌起来。于是，他也学着其他同事，下班后再工作一会儿。有时候，明明当天的工作已经完成，他还是不按时下班，哪怕是坐在办公室里打游戏，也要故意晚走一会儿。

很多人说，如今的办公室就像是没有硝烟的战场，看到身边的同事都加入了加班的行列，如果自己不加班，就好像是不努力、不合群。其实，加班与努力并不能完全对等，有些人经常加班，但工作效率低下；有些人按时上下班，每天的工作都能保质保量完成。

　　加班与否，并不能作为是否努力的标准，而努力的标准永远只有一个，就是你今天是否比昨天有进步。如果加班仅仅是为了做出努力的样子，倒不如趁早下班，好好休息，保证正常上班的八小时能高效处理工作。如果自身能力的确不够，工作总是无法保质保量完成，适当加班确实是一种解决方法。但用加班来补足工作效率的低下，终究是权宜之计，重点还是要提高自身的工作能力，提高工作效率。

　　刘琪在一家销售公司工作，平时工作十分繁忙，大家经常加班加点，特别是在节假日，公司会鼓励大家报名加班，对于愿意主动加班的员工，公司会根据实际情况，为大家发放加班费，对于业绩突出的员工，还会额外发放奖金。工作虽然辛苦，但有了物质上的激励，大家还是非常有激情。

　　这次，刚好到了十一国庆假期，报名加班的员工不在少数，甚至不少员工报了满勤，整整忙了7天。发放加班费和奖金那天，刘琪怒气冲冲地冲到了经理办公室，要求领导给个说法，还大声在办公区喧哗："如果公司总是这么不公平，谁还愿意好好工作？"原来，节日期间，她加班7天，仅仅获得了1000元奖金，而同事许静仅加班1天，却获得了7000元奖金。

　　领导二话没说，将业绩报表和工作记录拿给刘琪。原来，许静虽然只加班1天，但在节日到来之前，她早早安排好了节日期间的工作，还为领导提出了很多实用的促销方案。她的其中一项方案，为公司创造了6万多元的利润。而刘琪，7天时间内一件产品都没有卖出，这1000元，是奖励她维护活动现场秩序有功。

　　刘琪这才明白，加班的意义不在于时间长短，而在于能为公司创造多少效益。如果能切实创造利润，即使不加班，也是优秀员工。

不要再让加班流于形式，也不要用加班时长来衡量自己和他人的优秀程度，把心思花在工作本身，这才是最重要的。

忙而不盲，才能发挥时间的最大效用

在高压之下工作的职场人士，每天除了抱怨手头应接不暇的工作外，还常常抱怨汇聚在身上的无形压力。难道他们真的有那么忙吗？一般来说，人往往是自己先理不出头绪了，才会觉得工作越做越忙。实际上，工作忙一点是正常的，但如果是瞎忙乱忙，那就要想办法调整一下了。

曾经有一名青年非常苦恼地向自己的老师请教，说："我不知疲倦地将自己的全部精力花在我爱好的事业上，结果却收效甚微。"

老师赞许道："看来你是个有志于事业的青年人。"

青年人说：我每天都用小水桶给它们浇水十次，希望它们能在大量的灌溉下长得更旺盛。可是，为什么我每天那么忙、那么累，我种的花草却还是长不好呢？"

老师语重心长地说："做任何事情都要讲究方法，花草有不同的习性，有的喜阴，有的喜阳，你要先找到适合栽培它们的方法再行动啊。而且，你有上百盆花，每天一盆一盆地浇灌当然辛苦，如果你能想到更快速有效的方法，就不至于那么忙碌了，不是吗？"

也许，你会常常遇到这样的情况：一项工作还没有完成，领导又分配了另一项紧急任务，于是不得不放下原来的工作，抓紧投入新一轮的忙碌。等到紧急任务完成了，再回过头来做上一项工作，却又要重新理清思路。这样忙碌下来，定然是焦头烂额。

工作统筹能力不足的人，在事情突然变多之后，很容易失去工作重心，手忙脚乱。但工作再忙，也要忙在点子上，不仅要将工作其实，这样的情况还是很常见的，保质保量完成，还要保证忙中不出错。这需要我们提高工作统筹能力和时间管理能力来应对。

比如，先把需要完成的任务罗列出来，按照轻重缓急来排布处理顺序，按照实际情况来设定完成需要的时间。在同一个时间段，尽量只集中精力做一件事情。如果中途领导又分配了其他任务给你，或同事有需要你配合解决的问题，只要不是特别紧急的，就把它们集中到一个特定的时间段来处理，这样能保证每一项工作都高效完成。但是，要切记的是，一定不要将时间安排得太满，要给自己保留出一定的弹性时间，这样才能自如地应对各种变化。

美国伯利恒钢铁公司的效益曾不尽如人意，效率专家艾维·利对其总裁查理斯·舒瓦普说，他有一种方法能使他的公司业绩至少提高50％。舒瓦普说，自己需要的不是更多理论知识，而是能提高效率的行动方案。他说："应该做什么，我们自己是清楚的。如果你能告诉我们如何更高效地执行计划，我听你的，在合理范围之内，价钱由你定。"

然后，艾维·利递给舒瓦普一张空白纸，说："在这张纸上写下你明天要做的6件最重要的事。"舒瓦普照做了。艾维·利又对他说："现在，用数字标明每件事情对你和你的公司的重要性次序。"

艾维·利接着说："现在，请你把这张纸放进口袋。明天早上，先把纸条拿出来，做第一件事。这时候，不要管其他事情，只做第一件，直至完成为止。然后，用同样的方法对待第二件、第三件……直到全部完成。如果这一天中，你仅仅完成了第一件事，那也不要紧，因为你总是在做着最重要的事情。"

舒瓦普虽然有点疑惑，但还是点点头，表示愿意试一试。这时，艾维·利又说："你每天都要这样做。如果发现这种方法有效，就把它推荐给所有员工。"

几个星期之后，舒瓦普给艾维·利寄去了一张2.5万美元的支票，还附上了一封信。信上说："如果用金钱衡量，这是他一生中最有价值的一课。"五年之后，这个当年不为人知的小钢铁厂，一跃成为世界上最大的独立钢铁厂，而其中，艾维·利提出的方法功不可没。

养成优先处理重要事件的习惯，做到忙而不盲，你才能成为管理时间的高手，成为优秀的员工。

圣经中有这样的一句话："世人行动实系幻影。他们忙乱，真是枉然。"看来，在这个脚步急促的时代，无论我们的工作如何艰辛与忙碌，我们都要给自己留出一段认真思考的时间，确定自己忙碌的目的，看清真正的目标，而不是成为一个只为忙碌而忙碌的工具。

想成为优秀员工，最好别说这两句话

孔子说："君子欲讷于言而敏于行。"对于每一位职场人，秉承的原则也一样——少说话，多做事，尤其是不要说表达消极情绪的话。

然而，在平时的工作中，很多人喜欢在行动之前先说话，并且，说出的往往是负能量的。

比如，遇到困难的工作，还没有做出尝试，便抱怨着说自己"不会做"。这样的下属不仅让领导感到头痛，自身也难有发展。

在职场中，一个人的责任心与未来的前程有着莫大的关联。如果总是用"我不会做"的态度来面对工作，势必会错失很多成长机会。不断证明自己的最佳方式，就是主动挑战工作中的困难，如果你能尝试着将一切承担起来，就会获得很大的进步。

小江在一所名牌大学毕业后，很快就找到了一份不错的工作。可是，还没过试用期，她就被老板辞退了。

原来，是有一次，老板让她做一个电子文档，要求下班前务必完成。这个文档是由三种不同的表格组成，下班前，老板催要工作成果时，她只做完了其中一个。老板问她为什么没有全部完成，她振振有词："剩下的两个文档格式太复杂，我不会。"老板很生气："整整一天时间，你不会做，为什么不早点对我说？为什么不想办法解决？为什么不去问问其他的同事？"

谁知，小江将嘴一撇，气鼓鼓地说："不会就是不会啊，我已经尽力了……"第二天，小江一进办公室，老板便辞退了她。

面对工作上的困难，很多人也许会有这样的感慨："我真的不是不想做好，实在是有些问题太棘手，处理起来太困难。"但是，他们往往忽略了这样一个事实，那就是：困难总要有人解决。解决工作上的困难，是每一位员工的责任。如果每个人的工作都不需要学习和探索便能轻轻松松完成，那整家公司，乃至整个社会都只会停步不前。

还有一些人，把"拿多少钱，办多少事"当作工作准则，遇到困难时，总是认为这是超出自己能力范围的事情，这份责任要等工资涨上去才应该承担。他们常说："如果老板能对我好一点，工资再给得高一点，我一定努力帮老板解决问题。"这就好比对着长满荒草的田地说："哦，如果你能给我一次大丰收，我一定好好打理你，给你浇水，给你施肥，给你除草。"这可能吗？收获总是在付出之后到来，不主动为公司作贡献，升职加薪的依据又何来呢？

所以，不要再说"我不会做"这样的话了。问题来到面前时，也意味着机会的到来。当你解决了问题，也就获得了成长。

职场中还有一句常被提起的话，那就是"我没有功劳也有苦劳"。尤其是能力不够强、对待工作不够尽心的人，总喜欢把这句话说给领导听，同时也用来安慰自己。他们认为，一项工作，只要做了就好，如果没有做出成果，是工作本身的问题，与自己无关。

元华是一家外贸公司的销售代表，有一次，公司将一项重要的业务交给了他，希望他能圆满完成。

元华本人非常希望借这次机会让领导看到自己的能力，因此跟进业务时非常用心。经过两个多月的努力，客户终于答应第二天就签约。公司上下都为元华感到高兴，领导更是对他赞不绝口。

结果，签约当天，客户却打电话说希望再考虑考虑。经过多番打听，原来是竞争对手也与这位客户进行了联系，并且给出了更低的报价，他们已经约定当天下午签约。

元华非常懊恼，他的同事却对他说："元哥，这个月你的奖金肯定不少吧，这么大的单子，虽说没签下来，可没有功劳也有苦劳啊，领导总要犒赏你一下啊。"

元华却不这么想，眼看机会已经被别人抢走，他还是不服输。他抓紧时间研究了竞争对手的特点，发现他们的报价虽然更低，但产品质量比不过自家公司。做出详细的质量对比报告后，元华赶到客户面前，就在客户与竞争对手签约前的十分钟，说服了客户，签下了订单。

元华默默对自己说："苦劳如果不能带来功劳，只能说明努力还不够，我希望自己做一个能为公司立下功劳的人。"

"没有功劳也有苦劳"，这只是那些没有把事情做成还希望别人能记住自己付出的人喜欢强调的理由。的确，我们付出的每一份辛苦都值得被尊重，但职场更是讲究成效的地方，正如著名企业联想集团的理念："不重过程重结果，不重辛劳重功劳。"

能为公司立下功劳，才能证明你的价值。

工作不仅是完成任务，还要对结果负责

职场中不乏这样的员工，他们往往还没到下班时间，便已经将当天的工作完成，然后悠哉悠哉地坐等下班。看似工作效率很高，但每次升职加薪却都轮不到他们，这是为什么呢？

的确，尽快完成分内工作是每名员工首要遵守的职场准则之一。但是，完成了任务并不等于你的工作真正"结束"了。公司希望员工做到的是：不仅能完成表面的任务，还要对工作做全面的分析，对整体的工作结果负责。

在哈佛大学的一节课堂上，教授给在场的学生们组织了这样一项活动：给每个小分队100美元的资金，要求招募三个人，完成将两筐石头运到山顶的任务，并且，招募工作必须在活动现场完成。

第一小分队很快便组织好了，从开始发动在场同学组队到最后爬到山顶，他们共用了6个小时。其方法也很简单传统，他们直接用教授提供的钱雇佣了一些身强力壮的人去搬运。其中，招聘工人用了3个小时，爬山用了2个小时，中途休息用了1个小时。

第二小分队组织好后，经过认真讨论，他们直接给附近的劳务公司打电话，劳务公司很快调派了3个身强力壮的人去负责搬运石料。结果，他们只用了3个小时就完成了任务。

而第三小分队的人，却仅仅用了1个小时的时间就完成了任务。

首先，他们打电话给该山的负责人，询问有没有缆车，在确认有缆车的情况下，他们找到3个前来旅游的人，请他们帮忙看管一下石头，并将石头通过缆车分批次运到山顶。

很显然，获胜者是第三小分队。对此，教授是这样说的："这个课题实质是在训练你们的组织能力，要知道，以后无论你们进到哪一家公司，对于领导交代的任务，完成不是最重要的，完成得好，才能凸显你们的价值。"

工作中，很多员工可能常常听到领导这样说："不要给我讲那么多的理由，我只要结果！"是的，这话听上去也许有点强势，但却是有其原因的，只是可惜，大多数人根本意识不到这一点。他们总是一味地为了工作而工作，将工作当作是枯燥的任务去完成，抱着这样的态度，即便是完成了任务，最终成果的质量也不会太高。

事实上，工作成果不仅表明你的能力，而且还能说明你的态度。有成功潜质的人，总是会愿意比别人多付出一点，主动为自己争取进步的机会。他们心中很清楚，只有将工作当作是为自己赢得更广阔的发展空间，才会让老板感到惊喜，从而获得升职加薪的机会。

如今，张成已经是一家公司的总裁了，他的成功经历非常坎坷。

读大学时，他做过许多工作：修理过自行车，卖过旧书籍，做过家教、收银员、出纳等，后来为了挣取学费，还帮别人打扫过院子，整理过房间。

曾经，他认为这些工作既单调又无聊，只是为了换取报酬而机械性地工作，从不主动就某些问题展开深入思考。很快，他发现自己的想法完全错了，很多看似简单的工作，背后却也有着精深的门道和宝贵的经验。因此，无论从事何种工作，他都变得认真起来。在后来的工作中，他总能利用从前的经验来解决当下的问题。

如今他成了一名管理者，却依然像原来那样主动找事做，并思考如何才能把工作做得更好。正是这种主动的态度，为他的成功铺就了一条道路。

很多人在执行工作任务的时候，只是在完成任务，认为自己只要去做就够了。然而，无论做什么工作，其实都是在为自己日后的职场生涯积累经验。

企业购买的是员工的劳动成果，而不是劳动本身。如果劳动不能带来期待的结果，那只能是没有价值的。因此，在工作中做出成绩，才是对工作负责，才能体现自己的价值。我们只有以更加积极的心态，在工作岗位上竭尽所能，才能为自己创造出一个充满希望的职业未来。

紧要关头要敢于力挽狂澜

很多职场电视剧中，当公司遭遇危机或突发性事件时，主角总会挺身而出，克服重重困难，为公司排忧解难。事后，这位力挽狂澜的主角便会升职加薪，仕途坦荡。

现实中，相信每个人都希望自己能成为这样的人，具备为公司解决困难的能力和魄力。想要实现这样的目标，就要在平时锻炼自己的工作能力，一旦遇到紧急情况，能够果断而勇敢地挺身而出。

刘宁大学毕业后来到深圳发展，凭着优秀的才能和踏实本分的品格，工作不到一年，就被老板提拔为设计副总监。

有一次，公司最大的一笔订单出了问题，按照合同，客户有权拒绝付尾款。公司的资金链面临断裂，正常运营可能都成问题。原来，是他们给出的设计图与实际提供的成品在颜色上有细小差别，而客户第二天就需要在活动中使用成品，如果活动效果因此受到影响，客户也将面临巨大损失。

公司立刻召集了所有部门总监开会，一起商讨解决方案。所有人都低头沉默，刘宁却突然站了出来，主动提出要全权负责这件事，努力帮助公司渡过难关。

他先是着手解决产品的色差问题，由于时间紧迫，不可能返厂重新生产，便召集临时工在上千件成品上进行颜色加工，力求接近设计图上的颜色。熬了一个通宵，所有成品终于全部补救完成，没有影响到活动的正常进行。

虽然错误得到了补救，但客户依然拒付尾款。为了得到客户的原谅，刘宁每天跑到客户的公司，软磨硬泡地请求对方。最终，对方终于被他的执着打动，支付了尾款，公司的燃眉之急得到解决，刘宁也因此成了老板最信任的人，很快就被提拔成了设计总监。

观察一下公司的核心人物就会发现，一个人的能力与他在公司的职位一定是匹配的。能力越强的人，他们往往是能在公司中发挥巨大作用的人，他们能为公司做出的贡献也是巨大的。如果你也想成为他们，那就拿出你的热情与实力，主动体现你的价值。

遇到问题时，主动站出来，一方面是向公司表达你愿意与公司共进退的决心，另一方面也是为自己争取提升能力的机会。

而且，大多数人体内都蕴藏着巨大的潜能，只是这种潜能可能一直在沉睡，只有将它激发，才能发挥出惊人的能量。而诱发潜能爆发的，就是对工作的责任心和坚定的信念。当公司出现重大问题时，如果你能主动站出来，把责任扛上肩，与公司共进退，公司也一定不会亏待你。

任何一家公司，都欣赏能力挽狂澜的人，这不仅仅是一种能力，更是一种态度。所以，学着做一个聪明的勇敢者吧，如果你能在危难之中帮助公司解决问题，你的职业生涯也将开拓出新的天地。

刷新自己，超越领导的预期

当一个人在工作中不再考虑刷新自己的能力，不再继续学习，提升自己在公司的地位，领导就会认为他的能力达到了上限，不会再赋予他更大的挑战。试想，这样的话，还有晋升的机会吗？

在职场上，刷新自己就意味着不断更新自己的知识、转变自己的观念乃至调整自己的态度，扩大自己的发展空间。

蔡昆是一名研究生，毕业后在一家名企工作，后来因为个人原因辞职，到另一家公司应聘销售岗位。面试官告诉他，按照公司的规定，无法给他太高的薪水，但蔡昆还是欣然接受了这份工作。

入职后，他没有以自己的资历为耀，而是每天准时上班，踏踏实实工作，工作报表填写得清清楚楚，业务也跑得很勤快。

本身就是学习市场预测专业的他，在做市场可行性报告的时候总是能够提出一些创造性的建议，并能合理地将有价值的建议投入到市场运作中。

渐渐地，他成了公司里的知名人物，也得到了领导的赏识。没过多久，他的业绩就远远超过了别人。不到半年，公司便破格升他为销售总监，而且为他大幅度加薪。蔡昆也更加卖力，为公司创造出更多价值。

想要在职场中获得发展，就要力求做什么都比上一次做得更好，永远以最高的标准来要求自己。不断超越自我，就会变得越来越优秀，离成功也会越来越近。

黄家瑜大学毕业后，顺利应聘进入一家公司。刚开始，他满怀信心地要施展一下自己的宏图抱负，很快，便在工作中取得了一些成绩。可是，不久以后他就倦怠了，觉得工作不过是日复一日的重复，很没意思。并且，大家都拿着差不多的薪水，觉得工作上无论做什么、不做什么、怎么做，都是一样的，没有必要发挥主观能动性，更没有必要为此投入额外的辛苦。

可是，他又不甘心平庸，不喜欢这样一成不变的状态。他一时兴起，跑到外面去找兼职来充实自己。但外面遍地都是找工作的本科生、研究生、博士生，竞争激烈的程度让他无所适从。同时，他自己又比较懒惰，做完本职工作以后，实在提不起精神再去忙碌别的，从前幻想的那些伟大蓝图都随着日复一日的重复渐渐远去。

时间一长，公司的领导认为他没有可以再挖掘的潜力，不再将有挑战性、有学习机会的工作分配给他。在一次裁员中，公司将他辞退。

在现实的工作中，这种情况并不罕见。一些学历很高、非常聪明的员工，在获得一定的成绩后，信誓旦旦地认为自己是公司不可或缺的人才。但随着工作日复一日地工作，却渐渐成为平庸者甚至失败者。究其原因，就是他们满足于眼前的小成就，停止了向上成长。

　　想在职场中获得较好的发展，就要认真工作、不断学习、深入思考，超越昨天的自己，甚至超越领导对你的期待。千万不要一直躲在舒适圈，否则，一旦你反应过来，就会发现早已错失机会。

挑战不可能完成的工作

许多人虽然兼备种种能力，但是却有一个致命的弱点——缺乏挑战困难的勇气。他们认为，职场中，只需要保持稳定的状态即可，对于那些颇有难度的事情，还是躲远一些为妙。

事实上，工作中总会遇到很多问题，只要我们始终敢于向高难度的工作发起挑战，就不至于停留在"故步自封"的状态。如果你想要在职场上更上一层楼，不妨带着勇气向工作中的难题下"战书"吧。

艾柯卡是在"克莱斯勒汽车公司"背负巨额债务并且眼看就要倒闭的情况下出任该公司总裁的。此前，他并没有想过公司的债务状况会是这样恶劣，但既然接手了，强烈的责任心立刻就颠覆了他的后悔情绪，艾柯卡决定"背水一战"。

首先，他在公司内部进行了一次大刀阔斧的改革，解雇了33位不负责任的高层管理人员和工作态度不好的员工。

其次，他高薪聘请了汽车行业领域里有头脑、懂策略的退休老将担任企业顾问，并认真听取了他们的建议。

随后，艾柯卡着手于彻底改变公司原有形象，剔除一些不良作风和习惯，倡导"全员管理，人人有责"，要求所有员工必须为公司降低成本、提高产品质量做出努力。

接着，他将竞争对手的产品价格、质量、外观设计等作为目标，来激发员工的斗志。

最后，艾柯卡投入了1.5亿美元作为产品的广告宣传。

另外，艾柯卡还向客户做出了惊人的承诺："汽车售出后的前三个月为试用期，对于试用后仍然坚持购买其他品牌汽车的客户，除返还一切费用外，还将额外赠送50美元。"一个意外的承诺，换来的必定是更加意外的结果。汽车推出后，销售大厅内来买车的人拥挤不堪，试用期满后，退车的客户仅占0.2%。

两年后，"克莱斯勒汽车公司"终于扭亏为盈。艾柯卡立即召开新闻发布会，为公司赢得了声誉，树立了信心。第五年，公司股价飙升，2600万增发股被抢购一空，融资总数高达4.3亿美元，史无前例。

一位老板在讲述自己心目中的理想员工时说："我们所急需的人才，是拥有进取精神，勇于向'不可能完成'的工作挑战的人。"可见，敢于向"不可能完成"的工作挑战的"职场勇士"和事事求安稳的"职场懦夫"，在领导心目中的地位是截然不同的。

很多时候，聪明成熟的领导，一定不会只从结果的成败来决定下属是否应该受到器重，而是会观察下属是否具有敢于挑战的工作态度。因为他们比任何人都明白，没有一种挑战会必然成功，而职场中的成功者，却往往有着挑战困难的决心。在他们眼里，越是不可能做成功的事，就越值得尝试。

福特汽车公司的创始人亨利·福特决定生产V-8型引擎。这是一个创造性的想法，要将8只汽缸铸成一个整体，在当时，连底特律最杰出的工程师都认为这是不可能的。

　　但是，面对众多的质疑，亨利·福特却依旧坚持，无论如何也要生产这种引擎。他对那些存在质疑的工程师们说，只要去做，没有什么是不可能的。

　　一年内，工程师们几乎尝试了所有办法，就是无法攻破技术难关。他们找到福特再一次强调这件事根本不可能实现。但福特并没有灰心，他命令工程师们继续做。

　　终于，就在大多数人已经开始气馁的时候，奇迹出现了，他们找到了诀窍，最终设计出了V-8型引擎。

　　如果你希望在工作上有所成就，那么不妨调整一下自己的心态。要相信，每个人的潜能都是非常大的，你越是相信自己，你能完成的工作就越多，做得也就越好。

　　要知道，"职场懦夫"是永远不可能得到老板的垂青的，只有不断磨砺自己，不断促使自己力争上游的人，才会脱颖而出。因此，带着火热、喜悦的心情去工作吧，这样你才能在工作中充满热情。而当你克服一个又一个困难之后，才能真正把职场之路走成通途大道。

设定明确的工作目标，制订具体的工作计划

很多人都有这样的切身感受：明确的目标总是能带给自己激情的火花，激发我们的潜能，让人充满前进的动力。一个人如果没有明确的目标，就会失去崇高的使命感，做事没有了方向，人就变得倦怠，这也是职场中很多人无法取得较大成绩的原因。

拿破仑·希尔曾经讲过这样一个故事。

有一位年轻人，他大学毕业已经4年了，为职业上的事情特地前来找希尔帮忙。

希尔了解了这位年轻人目前的工作状况，也知道了他的教育情况、家庭背景以及他对工作的态度。然后希尔问他："你找我，目的是不是想让我帮你换一份更好的工作呢？"

年轻人答道："是的。"

希尔又问："你想要一份什么样的工作呢？"

年轻人回答说："问题就在这里，我真不知道自己该做什么。"

希尔对他说："你现在的情形呢，就像是跑到航空公司里说'给我一张机票'，除非你说出你的目的地，否则人家无法卖给你。同样的道理，除非我知道你的职业目标，否则我无法帮你找到合适的工作。只有你自己知道你的目的地。"这番话让年轻人不得不重新开始认真思考。

两个小时过后，年轻人回答："我希望我能有优厚的待遇，能用自己挣来的钱买下一栋好房子。但是，再往下想，我就不知道了。"

希尔告诉年轻人，暂时想不清楚也是很正常的现象，但想要获得更好的职业发展，就一定要先明确自己的目标，至于找工作，是明确目标之后才需决定的事。

对于每个人的职场发展来说，没有明确的目标，无异于盲人骑马，其结果可能不会乐观。因为，没有目标的出发，往往会导致漫无目的地乱撞，迟早会陷入迷惑之中。久而久之，就会觉得成功遥不可及，梦想只能成为无法实现的一纸空文。

有了明确的目标，才能列出详细的计划，然后按照计划一步一步实现它。当然，我们也应该清楚，行业变化不可预知，计划总是赶不上变化，甚至我们自己也会随着阅历的增加、认知的提升、兴趣的转移而改变自己事先制定的工作计划。但这没有关系，只要我们能够随着周围的变化而不断调整自己的目标和计划，便能始终走在前进的路上。

有一次，某公司召开员工大会，会议中，总经理突然站起来问大家："有谁了解自己部门的工作？"现场顿时鸦雀无声，没有人回答。一分钟后，才零星有几位部门负责人举起手来。总经理接着问大家："有谁了解其他部门的工作？"这一次，场上几乎没有人举手，大家都陷入了沉默。

这时，总经理说话了："为什么大家在工作中会出现那么多问题，为什么部门之间的员工会相互抱怨，为什么大家对公司总是有意见？"总经理停顿片刻后说道："在座的大多数人都很优秀，但是，如果你们能有更清晰的工作目标和更具体的计划，是不是就能把工作做得更好呢？工作中有问题是必然的，但是，有了目标和计划，大家就会主动解决工作中的问题，也会主动与其他部门的同事接触，主动了解更多与工作相关的信息。如果大家都不沟通，谁都不知道对方在做什么，平级同事之间毫无了解，上下级之间也不清楚彼此的工作情况，怎么能配合好工作呢？我们需要把我们的工作无形的部分化为有形，怎么化？目标和计划就是最好的助推器！"

没有目标，我们就不会把事情做到更好。就好比一位跳高运动员，倘若不在他的前面放一根横杆，而让他漫无目的地自由发挥，他就很难跳出好成绩。只有让他明确目标，他才能不断超越自己。

一个人若想走上成功之路，首先必须明确自己的目标。当目标确立后，再列出清晰的计划，然后心无旁骛，集中全部精力，勇往直前。

创新寓于平凡中

在工作中，创新能力对你而言重要吗？你认为自己富有创新能力吗？你觉得你所在的公司正在尽其所能来激发你的创新能力吗？

有人曾经就这三个问题向大约10万人做过调查。这10万人来自20多个国家，涉及世界上的各行各业。其中，98%的人认为在当今社会中拥有创新能力非常重要，然而，仅有45%的人认为自己富有创新能力（其中几乎包括广告、建筑师、设计师等所有需要创新性的职业），有超过半数的人觉得自己不具备这种自己认为很重要的能力。更遗憾的是，只有2%的人觉得自己所在的公司正在尽其所能地开发他们的创新能力。

创新是一种在现有的基础上做出超越的行为。一家没有创新意识的公司很快就会被市场所淘汰，同样，一位没有创新能力的员工，也无法为公司做出突破性的贡献。

美国有个叫杰福斯的牧童，他的工作是每天把羊群赶到牧场，并对羊群进行监督，确保它们不会越过牧场的铁丝栅栏到相邻的菜园吃菜。

有一天，小杰福斯不小心在牧场上睡着了，不知过了多久，他才被一阵怒骂声惊醒。只见老板怒目圆睁，大声吼道："你这个没用的东西，菜园被羊群搅得一塌糊涂，你还在这里睡大觉！"

小杰福斯吓得面如土色，不敢回话。

这件事发生后，机灵的小杰福斯就想，怎么才能使羊群不再越过铁丝栅栏呢？他发现，那片有玫瑰花的地方并没有更牢固的栅栏，但羊群从不靠近那里，那是因为羊怕玫瑰花的刺吧？"有了，"小杰福斯高兴地跳了起来，"如果在铁丝上加上一些刺，就可以挡住羊群了。"

于是，他找来铁丝，将它们剪成很多个5厘米左右的小段，然后绑在铁丝上，做成铁刺。他再放羊的时候，发现羊群起初也试图越过铁丝网去菜园，但每次被刺疼后，都惊恐地缩了回来。被多次刺疼之后，羊群再也不敢越过栅栏了。

半年后，他为这项发明申请了专利，并获批准。后来，这种带刺的铁丝网便风行全世界。

哈佛大学前校长陆登庭在北京大学发表演讲时说："在迈向新世纪的过程中，一种最好的教育就是有利于人们具有创新性，使人们变得更善于思考，更有理想和洞察力，成为更完善、更成功的人。"

任何一项工作，如果前人已经完成，那么，你也有完成它的可能；但是，如果某项工作还没有成功的先例，在你的内心，是否就认定它是不可能实现的呢？如果一个人总是固定在这样的思维模式里，他将很难取得突破性的成长。在一成不变和创新之间，前者当然显得更轻松，但它会将人禁锢在一个牢笼里。如果不能突破这个牢笼，将永远无法取得进步。

沃特是圣路易斯港的一名老装卸工，他的装卸技术可谓在整个圣路易斯远近闻名。不仅如此，他手下还有一大帮学艺精湛的徒弟。

有一年，圣路易斯港的船运公司为了感谢船运码头辛苦劳作的装卸工人，在一家国际知名船运公司的倡导与带领下，拿出一大笔奖金，发起了一场赛事——装卸技术大比拼。

沃特带领众徒弟们，当仁不让地第一个报名参加了比赛。但令所有人都感到意外的是，经过几轮艰苦的角逐，沃特的装卸队却输给了另外一个名不见经传的队伍——霍克装卸队。

赛后，沃特怎么也想不通自己的队伍为什么会输。于是，他偷偷地去拜访了获得冠军的霍克装卸队的队长霍克。然而，更让沃特大跌眼镜的是，霍克居然是一个连吊车都不会开的文弱书生。

当沃特向霍克虚心请教之后，才明白为什么自己的团队会输给他们。其实，霍克的方法很简单，就是常常提醒队员在装卸某一种货物的过程中思考，有没有一种更快速高效的装卸方法，对于提出创新想法的队员，霍克还会给予丰厚的奖励。

习惯了每天一成不变地工作的人，他们很难想象还有另一种方法可以让工作变得更有趣、更有价值。显然，重复用相同的途径去完成某件事，可以保证完成这件事，但如此一来，人就只能充当"机器"的角色，在固定程序的指挥下完成固定的工作。"机器人"是永远不可能成为第一的，因为它绝不会有自己独特的思想，更不可能具备独辟蹊径的创新能力。那些不停地去创新、去提高自己技术水平的人，才是探索工作奥秘的"冒险王"。也正因为这一点，他们才会更大程度地关注自己的工作，并能在创新中不断提高自己的工作效率。

创新是一种能力，它可以通过后天的学习和训练加以培养。事实上，对于那些没有或自认为没有创新能力的人而言，学习如何开发自己的创造性思维更为重要。即使是具备创新能力的人，也需要不断地开发和提高自身的创新思维。

万事开头难，只要能勇敢地跨出思考的第一步，总有一天你也会跻身于创新者的行列，迎来更广阔的未来。

第四章

驰 骋 职 场

不 仅 靠 智 商，

还 要 靠 情 商

职场上，什么叫情商高

美国哈佛大学心理学博士丹尼尔·戈尔曼被称为"情商之父"，他在《情商》一书中说："智商高，情商也高的人，春风得意；智商不高、情商高的人，贵人相助；智商高、情商不高的人，怀才不遇；智商不高、情商也不高的人，一事无成。"可见，情商在职场中的重要性。

然而，不少人对"情商"二字有误解，认为只有能说会道且说话让人听起来非常舒服的人才属于情商高的人。真的是这样吗？

郭盛是一家公司的总经理，一天，他带着几位下属到朋友张总的公司谈一项合作，正聊着，一位年轻的小伙子推门进来，将一份文件交到张总手中。

本来，小伙子交完文件便可以走了，但他瞥见在座的各位杯子里的水都不多了，便转身拿来水壶，替大家将水斟满，还顺便说了不少恭维的话。

小伙子出去后，郭盛开口道："张总，您这位下属不错嘛。"

张总看着郭盛，笑着反问他："你真这么觉得？"

郭盛哈哈一笑，两人心照不宣。

原来，郭盛仅仅从那位小伙子的眼神和话语中就看出，他是一个惯会讨好上级而不做实事的人。而他在张总手下工作已有半年，张总更是非常清楚他的为人。

会说几句漂亮话仅仅是小聪明，绝不等同于高情商。真正情商高的人，并不是在任何时候都刻意讨好别人的人，更不是只会溜须拍马、甚至口是心非、满嘴谎话的人，而是会分情况、分场合地讲话，更重要的是，他们对别人有着最基本的尊重与耐心。

杜月笙曾经说过："人生有三碗面最难吃，人面、场面和情面。"这"难吃"指的就是"难以经营"，而想要经营好这"三碗面"，就需要高情商。

所谓"人面"，就是我们现在常说的"体面"，指的是做事恰到好处，不失身份。这需要我们做到的是，无论遇到什么人，都要有对对方最基本的尊重。维护他人的体面，也是维护自己的体面。

所谓"情面"，指的就是彼此间的情分和面子。

有一次，杜月笙得知章太炎手头不宽裕，想要接济他，但他深知章太炎为人清高，于是，登门拜访他时，完全没有提及钱的事，话都说完后，杜月笙便告辞。杜月笙走后，章太炎才发现杯子底下多了一笔钱。章太炎非常感动，为杜月笙修家谱撰写祠祀来表达他的心情。杜月笙这般行为，就是维护了彼此的情分和面子。

所谓"场面"，指的就是我们要给到对方一种被重视的感觉。比如，举办重要的会议，需要选择相对得体的场地，这样才能让前来参会的人员有备受重视的感觉；领导上台讲话时，作为听众，要保持安静，洗耳恭听，这也是给领导一种被重视的感觉。

总之，情商高的人是懂得站在别人的角度思考问题，在任何时候都给别人留有余地的人。而情商低的人，只会从自己的角度思考问题，也只照顾自己的情绪，一旦遇到不合自己心意的事情，便会完全不顾及他人的感受，甚至可能与别人产生正面冲突。

情商高的表现之一，是懂得适时赞美别人

有些人不重视赞美的力量。其实，在职场中，学会赞美别人，非常有助于我们处理好人际关系。可以说，一个人情商高的表现之一，就是懂得适时赞美别人。

当你赞美别人时，对方能收到的信息不仅仅是你表达出来的内容，他也能从你的语言和态度中感受到你的尊重和欣赏，从而对你产生好感。

比如，日常与女同事见面，随口称赞一句"你今天穿得真漂亮"，对方不仅会为这句话的表面意思而高兴，还能感受到你对她的欣赏，更能意识到你对她的关注。而她收获的这份欣赏与关注，则是赞美背后的深层力量，因为她渴望被别人关注的需求得到了满足。

工作中，无论是上级对下级、下级对上级，还是平级对平级，都可以适当赞美。然而，有些人却不懂得如何赞美别人。深入分析这背后的原因，主要分为三种情况。

第一种情况，不想赞美别人。

有些人认为自己很优秀，别人都比不过自己，因此不屑于赞美别人。其实，如果能真正理解赞美的重要性，这种心理障碍也就不复存在了。

那么，作为职场人，学会赞美别人有多重要？赞美别人有利于

我们维护人际关系，有利于自身的发展。

换一个角度来看，每个人在职场中的追求，无外乎升职加薪，而升职就意味着成为领导。在公司中，领导是怎样的角色？必然是一个极具包容性的角色，需要包容不同性格、不同水平的下属，其中必然包括能力稍差的人。如果你想升职加薪，迟早要学会包容别人，何不从现在开始呢？

你可以试着从一句简单的赞美开始，比如，办公室的女同事换了新发型，可以随口说一句："呀，新发型真好看。"男同事换了一身新西装，可以说一句："今天这套衣服显得你真精神。"赞美几次之后，你会发现，赞美并没有那么难，而你和同事之间的关系却变得亲近了。

第二种情况，看不到别人的优点，不知道如何赞美。

每个人都是有优点的，细心寻找总能发现。另外，虽然大家都是同事关系，但赞美同事也未必一定要针对工作相关的特征进行，赞美别人的工作能力、业绩水平等当然是可以的，对同事的穿衣打扮、谈吐、气质等进行赞美也是没问题的。

有人还有这样的疑虑，我们要经常赞美别人，但是，别人好像并没有那么多优点可以拿来赞美呀？的确，每个人突出的优点往往就那么几个，如果想365天每天不重样地进行赞美，这当然很难。其实，同事之间、上下级之间，哪怕经常重复赞美对方的一个优点，对方依然会愿意领情。尤其是女性，你每天赞美她漂亮，她永远也不会烦。

还有人有这样的疑虑，觉得自己对别人的了解不够深入，害怕赞美的语言说不到别人的心坎上。其实，这也没关系，只要我们赞美了别人，即使不那么到位，别人也能感受到我们的心意。

第三种情况，自己口才不好，不知如何表达赞美别人。

对于赞美，很多人有这样一种误解：认为只有口才好的人赞美别人才有效。其实，口才差一些的人，偶尔赞美一下别人，效果往往会更好。

比如，公司平时不善言谈的小曾偶尔对经理说一句："经理，最近……怎么感觉……嗯……您好像更漂亮了。"这种老老实实的口气和结结巴巴的言语，领导听到耳中，反而会认定他是发自真心的。

还有人有另外一种误解：以为赞美别人只能通过语言。其实，实实在在的行动，也能算作一种赞美。比如，不善言谈的人，可以将自己的态度用行动表达出来。

当领导为你指导工作时，你可以拿出一个小本子，把领导的话记下来，以此表达你对领导的重视；领导讲话时，可以适当把身子往前探一探，表示你在认真听他讲话；工作之外的时间偶遇领导，闲谈间可以多向领导请教一些问题；领导组织大家开会，争取第一个到场，积极支持领导；领导的穿衣风格很独特，可以进行适度模仿。当然，模仿是要把握好分寸的，大多数人不会喜欢别人与自己穿同样的衣服，但是，你可以在小配饰上做文章。比如，领导非常喜欢戴金属链手表，你也可以戴上一个，与他保持小范围的同步，他会认为你们是有相同喜好和审美的人。

赞美别人其实非常简单，只需针对别人的优点，向对方表达你的欣赏之情。赞美的力量却很惊人，它可以迅速拉近你与同事、领导的关系，有助于你的职场发展。

如何提高情商

　　智商高的人能在本职工作中做出成绩，而只有情商高的人，才能够获得同事与领导的喜欢，更快打通向上晋升的通道。那么，职场人该如何提升情商呢？

　　我们已经知道，情商高的人，能够洞察到别人的情绪，了解到别人的想法，并能针对别人的需求采取合适的行动。总结起来，其实就是他们懂得换位思考。

　　有一家公司的老板是一名巴西人，每次与员工一起开会，都需要一名翻译在场。

　　一次，产品生产方面出现了一些问题，老板便在会议上问生产经理："有查到是什么原因引起的吗？"

　　生产经理已经查出是设备问题，但他认为直接在会议上指出别人的问题，这不是高情商的表现，于是东拉西扯说了一堆没用的话，最后在老板的再三追问下，才支支吾吾地说可能是设备经理的责任。

　　老板立即问设备经理什么时候可以修好设备，设备经理怕被问责，一直在推卸责任，为自己找了很多理由，但唯独没有说明修理设备需要多长时间。老板要通过翻译才能听懂他的话，需要的时间本来就比其他人多了一倍，再加上他总是找理由、推卸责任，让老板更加不耐烦。

　　老板忍住火气说道："我现在不想听原因和理由，我只希望立刻知道设备什么时间可以修好。如果你现在无法给我明确的回答，那就先告诉我什么时候可以给我答案。"

　　设备经理这才支支吾吾地说需要进一步查明原因，找出原因之后才能确认多久能修好。至于需要多久才能查明原因，依然没有给出明确的回答。

　　有些人认为不得罪别人就是情商高，但不得罪别人并不代表对别人的错误进行隐瞒或包庇，况且，为了不得罪同事而惹怒领导，这也不是情商高的表现。上面谈到的那位产品经理并不是真正的情商高，因为真正情商高的人，是懂得换位思考的人。当然，为自己所犯的错误找理由是每个人下意识的反应，毕竟利己是人的天性。当我们犯了错误后，每个人都会先从自己的角度考虑，维护自己的利益。但是，职场中，尤其是在向老板承认错误时，要能够站在对方的角度，设身处地为对方着想，明白对方的需求，并在第一时间满足对方的需要，这样才能更快速地解决问题。

　　要想养成换位思考的习惯，首先要学会关注别人的利益和需求。

　　比如，在职场中，很多人会抱怨领导不够重视自己，其实，想要解决这个问题，只需要关注领导想要的是什么。作为领导，他希望员工能为公司创造更多的利益，作为下属，如果你关心的仅仅是按时下班、工作不要太累、多领福利等，而无法为领导解决他迫切希望解决的问题，那当然很难获得领导的重视。

　　想要养成换位思考的习惯，还要用心了解别人的价值观。这需要我们平时多与别人交流，尤其是与不同层级、不同经历的人进行交流，了解他们的观念和想法。我们与平级同事之间，往往水平相当，认知层面也相当，因此花些心思来与同事沟通，很容易就能了解到他们的价值观。但是，我们与领导的人生经历、阅历、认知水平等都不同，想要了解领导的价值观，就需要我们用心观察领导的日常行事与言谈举止，还要有意识地增长自己的见识，提高自己的思考维度。

养成换位思考的习惯，多从别人的角度观察事物。当然，这并不意味着我们要放弃自己的价值判断，而是为了能够真正了解别人的想法。

冯总让陈晓琳为一款销量一般的产品重新撰写营销方案，陈晓琳认为这款产品的销量一直不好，即使换了营销方案，也无法提升销量，所以在撰写方案时并没有用心，只是将之前的方案进行了简单的修改，便交了上去。

冯总看到陈晓琳交上来的方案后，非常生气，将她叫到办公室，批评她做事不用心。

受到批评的陈晓琳满心委屈，对领导说："这款产品的销量本来就不好，方案改得再好，产品本身竞争力不够，一样卖不出去。让我给这样的产品改方案，根本就是在浪费我的时间。"说完，摔门而去。

作为下属，当我们对领导分配的任务不认同时，可以勇敢地提出自己的想法，但千万不要敷衍工作。因为，对于领导来说，他需要的是下属能保质保量地完成任务，而敷衍是对工作不负责任的表现，也是不懂得满足领导需求的表现。

当我们与领导的意见不同时，很可能是因为我们没有理解领导的意图，无法真正做到换位思考。当然，作为下属，我们与领导看问题的角度不同，思维方式不同，观念自然不同。但正因如此，我们才需要认真了解领导的想法，争取更充分地理解领导的思路。我们可以多向领导请教问题，尤其是在我们与领导看法不一致的地方，大胆提出自己的疑惑，这不仅能让领导看到我们积极思考的态度，对我们自身能力的提升也很有帮助。在向领导请教时，如果想要获得更多指导，可以提出更多相关的问题，引导领导向我们传达更多信息。

当你具备了换位思考的能力，你会发现，很多职场问题都有了答案。

情商低的人怎么处理人际关系

情商低的人最常见的表现就是说话不中听，经常在自己毫无意识的时候，就说了一些不太合适的话而得罪了别人。可是，他们也很委屈，认为自己只是诚实地表达了观点，为什么别人会生气？难道说真话就是情商低吗？职场中也常见有人直接发表自己的看法，却仍然能获得别人的欢迎，这又是为什么呢？

是否真实地表达自己的看法，并不是衡量情商高低的标准。只有说话不顾及场合、情境、对象，完全忽视他人的感受，甚至给他人带来负面影响的，才算是情商低的表现。相反，在合适的场景、合适的情境，对合适的对象用得体的语言表达自己的想法时，即使表达方式很直接，对方往往也能非常坦然地接受，甚至会心生感激，这其实是一种高情商的表现。

真实地表达自己的看法，这背后的情商差别，重点并不在于表达时是否真诚，而在于是否有顾及别人的感受。

因情商低而说话得罪别人的人，是在说话时只考虑到了自己，并没有用心去观察和了解别人的需求和感受。

比如，同事向你询问建议，有些时候，并不是真的需要你的建议，而是在寻求一种认同感。这时候，你无须将具体的建议指出，只需支持他的想法即可。当然，如果你真的有更好的建议，并且同事向你询问的这件事也很重要，你可以向他提出，但提出之前也要先支持他的想法，并观察他的情绪，在他愿意接受你的建议的前提下再提出。

再比如，当同事向你吐槽工作中遇到的委屈时，可能并不是想要你发表正义评论，而只是需要向你倾诉一下，得以将负面情绪发泄出来。这时候，你无须"上纲上线"，即使你并不完全认同同事所说的话，也无须与他辩驳，只要帮助他将负面情绪疏散出来即可。当然，对于他自身的不足，如果你认为他愿意接纳你的建议，也可以提出，但如果说出之后可能会惹得对方不高兴，则最好先不要直接指出。

为避免说话时引起不必要的不愉快，可以注意以下几点：

说话之前，先思考一下对方的处境，站在对方的角度思考他的需求和想法，同时观察一下对方的情绪。也可以先问问自己，如果自己是对方，希望听到别人对自己说什么。

与对方交谈时，认真倾听他的话。不需要开口时，尽量不要开口；需要开口时，先把想说的话在头脑中想一遍，确认合适再讲出来。对于对方所讲的内容，不要急着评价，即使对方讲得不对，也不要直接否定，而是先肯定对方讲的对的地方，再针对不对的地方，委婉地提出自己的想法。

如果在你们的对话中产生了冲突，也要尽量去掉表达负面情绪的词句，比如"都跟你讲了多少遍了"，而是直接针对问题进行沟通，避免因情绪不好而引起更多问题。

低情商的人除了说话时容易惹怒别人，还可能好心办坏事。

肖艳是公司新来的员工，中午，她点的外卖送到了公司楼下，下楼拿的时候，发现领导的外卖也送到了，于是一起拿了上来，放在了领导的桌上。

领导开完会直接去楼下拿外卖，结果左等右等，等不到自己的外卖，还反复打电话和外卖员进行沟通。回到办公室才发现外卖在自己的桌上，于是大声呵斥是谁把外卖拿来的。

肖艳很委屈地承认是她帮领导拿的，但她不明白为什么自己好心帮领导忙却惹领导生气了。

肖艳的确是好意，但问题出在哪儿呢？在于双方获得的信息不对称。肖艳在帮领导做事时，缺乏一个环节——反馈。她帮领导把外卖拿了回来，但却忽略了领导对此并不知情，没有及时告知领导，所以导致了不愉快的事情发生。

工作中，能及时而周全地考虑到对方的处境，这也是情商的一部分。帮领导拿外卖只是很小的事情，如果是完成领导交代的任务而后面没有及时做出反馈，领导就会觉得你在工作上缺乏主动性和积极性，甚至会对你的工作成果不够放心。而情商高的人，不仅能把工作做好，还懂得适时向领导汇报工作情况，让领导放心的同时，还能展示自己的工作积极性，获得领导的好感。

想要处理好人际关系，就要多换位思考，了解他人的感受和情绪，并且，在行动之前，考虑每句话、每件事会引起对方怎样的反应，确认稳妥后再行动。

与低情商的人相处小妙招

有研究表明，比起评估自己的情商，人们往往更善于评估别人的。特别是情商低的人，在这一点上表现得尤为明显。因为人的自我认知能力也是情商中很重要的一部分，而情商低的人，往往自我认知能力同样不高。所以，情商低的人往往意识不到自己身上欠缺什么，可能他们自身的水平并不高，却自我感觉良好。

和情商低的人相处的过程往往并不愉快，但是，在职场中会遇到哪些人，我们无法决定，我们唯一能决定的，就是自己以何种姿态来面对别人。日常工作中，难免要与情商低的人打交道，那么，有没有与这类人相处的小妙招呢？

第一，要学会接纳他们。

与情商低的人相处，常常会被他们出其不意的反应所惹怒。但是，不要因为他们给自己造成了不愉快的体验，就以牙还牙地回敬。其实，如果能够心平气和地与低情商的人交流，站在他们的角度理解问题，他们往往能够明白我们的意图，最起码，能保证彼此在平和的情绪下进行沟通。

情商低的人常常会跟自己的内心做斗争，并且充满了对生存意义的焦虑，这称之为"情绪劳动"。如果我们以非常负面的方式跟他们沟通，他们会认为是我们给他们造成了心理上的威胁，认定我们是压力的来源，从而对我们产生反感心理，这会更加不利于大家日后的工作交流。因此，我们要对他们更有耐心，主动去接纳他们，让他们的心情得到放松，感受到人际关系并没有想象中那么复杂，或者至少不那么让人焦虑。

每个人都愿意被善良友好地对待，情商低的人更是如此。的确，有一些人缺乏沟通技巧，甚至难以与人顺畅地进行交流，但无论如何，正面对抗都不是一种好的解决方法。事实正相反，与低情商的人打交道，尤其需要高情商，需要我们主动接纳他们，然后更加耐心而友好地对待他们。

第二，沟通时要尽量直接。

我们与工作伙伴进行沟通交流时，一般会比较委婉。但是，在与情商低的人打交道时，一定要尽量避免使用太过委婉的表述方式，以免产生误解。

因为情商低的人通常不善于解读别人字里行间的隐含之意，如果你的表达太过委婉，他们则很难理解你的真正意图。正如英国剑桥大学西蒙教授所说，情商低的人很像刻板印象中的工程师或者教授，他们对于语言交流没有兴趣，移情能力弱，并且往往游离于人际联系之外。他们在独处的时候、跟自己进行思想交流的时候更快乐。在西蒙教授的自闭症研究中，他发现认知能力的提升经常是牺牲了社交能力得来的。

所以，与低情商的人相处，要注意用更加直接的方式进行沟通，避免造成更大的沟通障碍。

第三，保持理智。

当我们与情商低的人因工作中的问题发生冲突时，一定不要让自己情绪化，而避免情绪化的唯一方法就是保持理智。保持理智，意味着我们要尊重事实，用客观的态度处理问题。

当我们与情商低的人相处时，要记得他们比大多数人更容易成为情绪的牺牲品，因而要格外注意。与其因情绪化而进一步激化矛盾，不如早点保持理性，在对方面前树立理性的形象，赢得对方的欣赏。这样，短期来看，我们说服了他们；长期来看，我们也对他们产生了正面的影响。

第四，别误解。

与情商低的人发生矛盾时，千万不要认为他们在针对自己。情商低的人往往有一个共同的性格特征，那就是他们对人际关系的敏感度较低，喜欢直言，并且缺乏同理心，不能在第一时间察觉到别人的情绪。因此，当你被对方激怒时，要认识到这一点，并多多体谅对方。

了解了他们的特点，就不要再用过高的标准来衡量对方，而是要找到一个合适的方式与他们沟通，帮助他们更好地处理工作中的问题。

其实，与情商低的人相处也有轻松的一面，他们倾向于直接表达自己的想法，不会藏着掖着，所以我们能很直接地看透他们的想法，不必费心猜测与琢磨。

最后，还需要注意的一点是，拥有高情商并不是一件多么值得骄傲的事，因为这并不代表事业能因此一帆风顺；情商略低也并不是一件多么糟糕的事，这并不意味着事业发展无望。当然，情商确实很重要，不过，高情商也有不好的一面，低情商也有好的一面，要全面看待。比如，情商高的人容易自鸣得意或是过于乐观，情商低的人则更有激情，更有创造力，更善于自我批评。

和情商低的人相处，不要一味抱怨对方给自己的工作带来多少不便，而是要学会运用一些技巧，让沟通变得更加顺畅。

第五章

驰骋职场，情绪管理很关键

工作中，产生负面情绪在所难免

我们每天都会遇到很多事情，有些出自工作之内，有些出自工作之外。在这些事情中，难免会有些不顺心的，影响到我们的情绪。其实，产生负面情绪在所难免，关键在于如何进行疏导。

方思在一家服装店做销售，每天都乘坐地铁上下班。

这天早上，地铁异常拥挤，好不容易下了地铁之后，她发现自己的钱包不见了。回想一下，出地铁口的时候，有个人撞到了她，或许钱包是那个时候被偷了。想到里面不仅有五百多元钱，还有身份证等重要证件，方思立即气不打一处来。

一路上，她一直在想丢掉的钱包，走路不专心，在路口转错了弯，等她发现的时候，已经快到上班时间了。

匆匆忙忙赶到店里，已经整整迟到了二十分钟。店长看到后，严厉地批评了她几句，这让她原本就郁闷的心情更加难过。

不一会儿，店里来了顾客，想要试一下门口衣架上挂着的一条裙子。方思心情不好，假装没有看到顾客。顾客高声呼叫方思，请她立即帮她拿合适的尺码来试穿。方思没好气地大声回应："喊什么啊？不就是一条裙子吗，给你拿就是了。"

顾客听到后非常生气，找到店长理论。店长又将方思训斥了一番，不仅要求她向顾客道歉，还扣除了她当月的奖金。

　　无论是在生活中还是工作中，产生负面情绪都是在所难免的，但是，如果不懂得去控制自己的情绪，任由自己被小事缠绕，很容易引起一连串更加不好的事情。因此，我们要学会疏散负面情绪，不被情绪所支配。

　　曾敏是公司新来的商务专员，由于她学历较高，个人能力也很突出，公司给她提供的薪资待遇是同一批入职员工中最高的。

　　本来，员工的薪资该是保密的，但不知别人如何得知了曾敏的薪资，新来的员工都在讨论为什么她的薪资那么高，甚至有人揣测曾敏与老板有什么亲属关系。

　　平时出入公司，曾敏多少也能听到别人的议论，委屈的情绪一下子涌上心头。她本想当众解释，但深知辩白的作用并不大，因此选择默默忍耐，让时间来解决一切。

　　随着时间的增长，曾敏的工作能力有目共睹，那些流言蜚语自然也就消失了。

　　曾敏的做法就是懂得适当控制负面情绪的行为，最终，她也因此获得了满意的结果。

　　如今的职场，竞争越来越激烈。每个人的压力都很大，在这种紧张的状态中，人的情绪容易不稳定，有时碰到一点不如意的事情就变得烦躁、易怒，甚至影响到工作。

　　想要有效疏散负面情绪，可以采用以下方法。

　　首先，无论遇到什么事情，都要时刻提醒自己，不要过分在意。特别是对于不好的事情，既然它已经发生，那么第一要务便是想到解决办法，如果总是沉浸在负面情绪中，不仅对当下的困境无益，更可能影响到日后的工作，导致更多不愉快的事情发生。

　　其次，要学会包容一切。俗话说得好："海纳百川，有容乃大。"包容是人生的一大智慧。每一个人，都该有一颗包容的心。面对别人的无端指责，或同事间的摩擦，更要学会包容。当我们能包容别人的负面情绪时，处理自己的负面情绪就更容易了。

　　最后，找到排解负面情绪的方法。不同的人，排解负面情绪的方法往往不同。有的人可以通过运动后的大量出汗来排解内心的压抑情绪；有的人可以通过哭泣来释放负面情绪；有的人要通过向别人倾吐来获得内心情绪的释放。无论选择哪一种方式，只要不影响其他人，都是可以的。

　　不过，喜欢通过倾诉的方式来排解负面情绪的人，有两点需要特别注意。第一点要注意倾诉的对象。在工作中遇到不开心的事，最好不要选择向同事倾诉，以免在自己情绪不稳定时说了不该说的话，造成不必要的麻烦。第二点要注意不要把自己的负面情绪带给别人，更不要因为对方说了什么让自己不开心的话而与对方发生冲突。我们向别人倾诉是为了解决问题，切莫一个问题还没解决，又增添了新的问题。

　　工作中的事情，要看得轻松一些，尤其是人际关系方面的问题，不要太过较真。心胸要宽广一点，尽量不要让自己被负面情绪所侵扰。当产生负面情绪之后，也要学会合理地排解，不被情绪所困。

不要因为一时的成绩而得意忘形

一位企业家朋友曾经这样对我说过："当你为自己在工作中取得的成绩而感到兴奋时，永远不要让这样的情绪持续超过5分钟，因为倘若你一直为此得意，从第6分钟开始，就会有人赶超你。"

他的这句话是在告诉我，工作中，不要因为一时的成绩而得意忘形，如果一味张扬、炫耀自己的成绩，最终恐怕会引发不好的后果。

在特洛伊人与希腊联军的战争中，双方均有胜负，难分高下。

有一次，有人向希腊联军献计，假装将军队撤退，但悄悄把一只大木马放在城外。让不少精兵藏在大木马的腹中，再安排一些主力军隐藏在附近。

希腊联军按计行事后，特洛伊人看到希腊联军节节败退，非常骄傲，他们认为自己神勇无比，而对方是因畏惧而逃跑，于是得意洋洋，将城外的木马当作胜利的果实拖回了自己的城内。

就在特洛伊人为胜利举杯庆祝的时候，藏在木马中的精兵悄悄溜出来，打开了城门。城外的主力军冲进来，将特洛伊人彻底消灭。

通过这个故事，我们能学到的宝贵教训就是，越是得意时，越要保持理智，否则就会向特洛伊人一样。

古人有云："骁勇逞强必跌跤，虚怀若谷谦受益。"取得一定成绩时，心情愉悦是人之常情，但喜不自胜、忘乎所以，则属于人性的弱点。不能理性地看待自己取得的成绩，也是造成很多人失败的原因。

日常工作中，无论是取得了一定的成就，还是受到了领导的嘉奖，自然会十分高兴。但如果仅仅因为一点成绩就沾沾自喜，很可能下一步就踏入失败的境地。要知道，人越是在得意的时候，越容易放松警惕，失去了谨慎的工作态度，很容易出现错漏。

有一次，在公司的集体会议上，总监针对一套方案，寻问宋经理的想法。宋经理像往常一样没有说出什么，何城却主动针对方案的细节做了补充，总监听后，对何城进行了赞赏。

自此以后，何城越来越得意。平时与宋经理见面时，也不再主动打招呼。后来的集体会议上，当总监向宋经理询问意见时，何城经常主动抢话，对于自己不了解的事情，也凭着猜测进行回答，完全不考虑宋经理的感受。总监虽然看重他的工作能力，但对于他这种不礼貌的行为，却也不大喜欢。

有一次，宋经理请他将部门集体确认过的项目方案递交给总监，他却自作聪明地在方案上进行了修改，由于不完全了解项目进程，其中一项数值改错了，差点酿成巨大失误。

从此，不仅宋经理对他毫无好感，总监也不再欣赏他。

当一个人处于得意状态的时候，就会被虚荣心所驱使，变得目中无人。然而，这种状态如果不及时调整，往往会给自己带来灾难。

聪明的人，即便取得了阶段性的成就，也不会将得意的情绪过分表现出来，因为他们明白，一味醉心于眼前的成绩，只能让自己止步不前，甚至在工作中出现失误。只有用一种平和的心态面对工作中取得的小成果，告诫自己要谦虚而努力，才会不断走在进步的路上。

遇事不冲动，先冷静下来再解决

工作中，经常会看到一些遇事冲动的人，他们非常容易被他人所激怒，做出一些让自己后悔的事情。其实，如果他们能够在面对事情的时候冷静一些，控制住自己的情绪，再想办法解决，往往能避免很多问题。

张千是一名导游。一次，一名游客在浅滩游泳时，不小心出了意外，危及生命。安保人员闻声赶到，由于张千距离落难的游客最近，他也跟着跳进水里救人。幸运的是，游客最终被救了上来。

事情很快就传到了公司，张千原以为领导会表扬他，没想到，领导见到他后，劈头盖脸训了他一通，说他在没有为自己做足安保措施前贸然下水救人，不仅不能保证将落水的游客安全救上来，而且自己也有出现生命危险的可能。这次救援虽然成功了，但以后这样的错误不可再犯。

张千非常委屈，自己明明是见义勇为，领导不仅不表扬，还如此严厉地批评自己。一气之下，他扔掉工牌，辞职离开了公司。

几天后，张千才从同事的口中得知，领导对他下水救人的勇气非常佩服，只是他的行为过于危险，领导十分担心他下次再做出同样的举动，万一遇到意外就麻烦了，所以才对他发了那么大的脾气。

张千听完同事的话，心中既愧疚又后悔，都怪自己当时过于冲动，没能体会到领导的苦心，然而后悔已经迟了。

可见，冲动不能给我们带来任何好处，反而会让我们做出错误的决定。在工作中，想要改掉遇事冲动的习惯，要做到以下三点：

第一点，学会克制与忍耐。

遇事冲动的人，通常不能克制住别人对自己言语上的冒犯。当我们遇到类似的情况时，一定要克制住内心的情绪，尤其不能在情绪失控的情况下做出冲动的决定。要知道，同事间的摩擦，或工作中的委屈，通常都不会是什么大事，忍一时风平浪静。

当人处于情绪冲动的情况下，大脑皮层会出现一个强烈的兴奋点，并不断向四周蔓延。想要避免受到冲动情绪的支配，就要主动避免这个兴奋点的蔓延。所以，如果担心自己控制不住情绪，可以用最快速的方式离开现场，找一个安静的地方帮助自己冷静下来。

第二点，学会理性思考。

遇到冲突时，克制住内心的情绪后，冷静下来，理性思考。分析一下发生冲突的主要原因是什么，双方冲突的关键点在哪里，如何解决才能缓解双方的矛盾，尤其要注意反思自己的问题，而不是把所有的关注点都放在别人身上。

第三点，找出化解矛盾的方式。

冲动之下做出的决定，事后往往会后悔。而冷静之后，则要思考出化解矛盾的方式，毕竟，大家日后还要一起共事，彼此相处融洽才利于工作的开展。

在反思的过程中，如果意识到自己有做得不对的地方，无论自己的错处是不是主要错误，都要主动承认，并诚恳地向对方道歉。

　　工作中的冲突，总能想到办法解决，冲动是万万不可取的，尤其是不可在冲动的情况下做决定。遇到任何事情都要保持理智，先冷静下来，再想办法解决。

远离抱怨，用积极的心态面对工作

在竞争日益激烈的职场环境中，压力过大的人们，往往容易出现抱怨情绪。但是，要明白，抱怨没有任何积极作用，反而会让自己陷入负面情绪中。所以，工作中遇到不顺心的事，要学会放宽心，多从积极的角度看待问题。

董伟是一家水果超市的老板，除他之外，超市内还有五名员工。

大家都喜欢去这家超市买水果，被周围的居民称为"快乐水果超市"。原因就是超市的员工们每天都面带笑容，为顾客们带来满满的暖意。

有一天，来购物的人太多，一位脾气急躁的顾客等得不耐烦，对着董伟大喊起来："喂，老板，我买的水果可是要送给客户的，别磨磨蹭蹭了，赶快帮我包装好，你知道我的时间有多宝贵吗！"面对顾客粗暴的催促，董伟笑脸相迎，并用响亮的声音回应他："这是送给客户的？那就祝你工作顺顺利利，早日谈下大生意啊，哈哈！"董伟的态度瞬间让这位顾客感到很不好意思，同时也不再急躁，而是安安静静在一旁等待水果的包装。

其实，三年前，董伟的水果超市面临倒闭，所有员工整日无精打采，经常互相抱怨工作的劳累以及赚钱的艰辛。有一天，董伟对大家说："咱们与其每天抱怨度日，被动地等着超市倒闭，倒不如开心起来，好好度过超市还能支撑的最后几天。"大家觉得他说得有道理，所以共同约定，以后谁都不要再抱怨，快乐地过好每一天。

没想到，超市的生意竟然渐渐好了起来，不仅如此，他们快乐的气氛还影响到了周围的居民，越来越多的人愿意来这家超市买水果，和他们一起体会生活的快乐。

美国石油大王洛克菲勒曾说过，如果你视工作为一种乐趣，人生就是天堂；如果你视工作为一种义务，人生就是地狱。可见，一个人的工作状态，完全取决于他自己的看法。至于你是谁、你身在何处、你面临着怎样的困难，这些关系都不大，重要的是你的内心是否有着积极的心态。

林可大学毕业后，在一家网络公司做美食编辑，专门负责给小孩子推荐美食。

由于自身性格活泼，又常有很多古灵精怪的想法，她总能推荐出受孩子们欢迎的美食。她平时还经常主动与小孩子们的妈妈进行交流，并和可爱的孩子们互动。

偶尔，公司的工作比较忙，需要加班，林可从来没有怨言，总是开开心心地完成每一天的工作。

相比之下，公司内一起入职的另外几个人，他们经常聚在一起抱怨工作无聊，抱怨公司的规模太小，抱怨加班太辛苦，等等。

没过多久，一起入职的其他人都陆续离开了公司，只有林可一人坚持了下来，并且很快升职为部门的小主管。

比尔·盖茨曾说，如果只把工作当成一件差事，或者只将目光停留在工作的本身，那么即使是从事你最喜欢的工作，你依然无法持久地保持对工作的激情。

想要在工作中获得乐趣，首先要远离抱怨。虽然，远离抱怨并不一定就等于能获得成功，但如果长久地被抱怨包围，是一定无法获得成功的。

遇到问题时，积极调整好心态，乐观勇敢地面对，困难迟早会迎刃而解。

感知他人情绪，巧妙处理工作中的问题

　　在职场中，我们不仅要学会控制自己的情绪，还要学会感知他人的情绪，巧妙处理工作中的问题。

　　正如我们自己会在日常工作中遇到各种问题而产生负面情绪一样，同事和领导也会如此。所以，当我们与别人进行工作交流时，要留心感知他人的情绪，特别是遇到意见不统一的情况时，更要特别留意他人的情绪，采用合适的方式解决问题。

　　公司的女领导余总面带怒色地回到办公室，对着镜子看了好一会儿，又很用力地把门关上。

　　新来的员工小路向别人打听得知，原来是行政部的经理当着众多人的面嘲讽余总穿的裤子破洞太大，影响公司形象。

　　过了一会儿，余总需要把一项重要的工作交给小王，于是阴沉着脸来到下属的办公区。小路看到余总过来，想帮她疏散一下郁闷的情绪，说："余总，您这条裤子……"话还没说完，余总很敏感地问："这条裤子怎么？"小王闻声抬头，说道："余总，您今天穿的这条裤子，破洞也太大了吧。"余总的脸色立刻又阴沉下来。

　　小路赶紧说道："哪有，余总的眼光特别好，经常穿流行的衣服，我昨天还看到好几个模特穿着这种裤子拍照片呢。余总，这几天开始流行那种在牛仔裤外面加一层纱裙的款式，看起来好有风格啊，我记得您上周好像也穿过那种纱裙吧?"

余总终于有了笑容，说道:"其实，我买的时候也不知道这种款式那么流行，就是觉得挺有特点的。"

小路接着说:"就是啊，余总的眼光真好，您喜欢的款式，总是能成为潮流呢。"

余总笑了笑，刚想开口把工作交代给小王，转而又面向了小路，将这项重要的任务交给了她。

工作中，除了要做到用心感知别人的情绪，如果能够在别人不高兴的时候，及时帮助别人进行情绪疏导，则很容易获得别人的好感。

另外，当我们发现别人情绪不好时，即使与他没有工作上的交集，也可以出言宽慰几句，化解别人的心结。

有一次，部门聚餐，两个技术员因为一点小问题争执了起来，声音很大，惊动了全场所有人。

业务部的小张立马端着一盘水果跑过去，以为大家分水果为由岔开话题。接着，他观察到其中一位技术员年龄比较大，猜想他一定有着十分丰富的工作经验，于是笑着对他说:"我常听别人说，您的技术特别好，工作认真又严谨。我这个人啊，就是不够踏实，所以对专心从事技术工作的人特别佩服，我得敬您一杯，以表达我的崇敬之情啊。"

这位技术员赶忙摇头:"哪里哪里，过奖过奖。"说着，举起酒杯，脸上的怒气也渐渐消散了。

小张又和大家闲聊了几句，刚才的紧张气氛荡然无存，大家的笑声又重新响起。

当我们巧妙地帮助别人化解负面情绪时，不仅能给他人带来帮助，自己的心情也会随之变好。

另外，平时与别人交流时，也要留心对方的情绪。比如，与同事沟通问题时，要留心观察对方情绪的变化，根据对方的情绪反应决定自己接下来的谈话该如何进行。因为只有当彼此都对所谈的话题感兴趣并产生共鸣时，才能顺利地沟通下去。

当你讲话时，发现别人不自觉地身体前倾，或时不时露出微笑，那表明你的话让他产生了愉悦的情绪，话题可以继续延续下去。如果察觉到别人对你谈及的内容不感兴趣，那可能是我们的想法还不成熟，或者我们的语言太过啰唆，让对方失去了耐心。这个时候，你说的时间越长，别人的反感情绪越强烈。所以，不要只顾自己高兴而一味地说下去，而要适当停止，或询问他人意见，或直接转变话题。

日常工作当中，情绪虽然是一个比较隐秘的因素，但却也是非常重要的因素。情绪不好，会影响工作顺利展开，只有疏散了负面情绪，才能将工作更好地进行下去。

第六章

学无止境，职场人要始终保持学习的习惯

学习到底有多重要

生活中，我们常常见到这样一种人，他们学历不高，但凭借自己的本事，每年的收入能有几百万。我们也常常见到这样一种人，他们名牌大学毕业，甚至有着硕士、博士学历，却一直是民营公司的底层员工，拿着不高的薪水。

由此，很多人产生了这样的疑问，学习还有意义吗?

提出这样问题的人，是把学习与赚钱联系到了一起，认为学习如果不能帮助我们赚到更多的钱，就没有意义。从根本上说，学习与赚钱没有直接的联系，不该用能否作为赚钱的工具来评判学习的意义。但是，从个人事业发展的角度来说，学习对于赚钱究竟有没有帮助呢?

要回答这个问题，我们首先要分析赚钱的逻辑。

我们可以将赚钱的人分为三种：第一种是资源提供者，第二种是资源整合者，第三种是资本家。

首先来分析第一种——资源提供者。

所谓资源提供者，就是自己为自己提供赚钱的资源。比如街边的清洁工、餐厅的服务员、超市的理货员，他们的工作通常相对简单，赚钱的方式也只是通过出售自己的时间与体力来换取相应的报酬。另外，还有医院的医生、律所的律师、金融公司的金融分析师等，他们掌握着一定的专业技能，因此收入又会比前面提到的这些人高得多。

所以说，在资源提供者当中，知识较多的人，能获得更体面的工作，拿到更丰厚的报酬。

张新是植物学专业的学生，大学毕业后，他顺利找到了一份专业对口的工作，工资虽然不高，但做起来非常得心应手，领导也很器重他。

刘凡是张新的发小，初中毕业后就开始混迹社会，网约车的风口来临时，他做了网约车司机，生意火爆的时候，一个月能挣十多万。刘凡认为自己的工作很不错，收入也比张新多了不少，于是奉劝张新辞职，和他一起做网约车司机。

张新虽然羡慕刘凡的高收入，但他觉得网约车司机的技术含量不高，虽然能获得一时的高报酬，只怕日后的竞争会很激烈，因此没有接受刘凡的好意。

结果，就像张新预料的那般，网约车的风口很快过去，市场接近饱和，刘凡的收入逐渐减少，不得不另寻出路，寻找其他的工作。

网络上不乏外卖员月入十万、网约车司机月入十几万等报道。的确，这种情况是存在的，但是，从事这类职业的人之所以获得更高的报酬，仅仅是因为他们站在了行业的风口上。但是，这些工作需要的技术含量不高，很容易被别人替代，虽然一时能够赚到不少钱，却难以保证一世都能赚到钱。而只有学到真正的本领，找到一份技术含量高的工作，才可能为自己谋得一番长久的发展。

第二种——资源整合者。

资源整合者，通常指的是私营企业的老板，他们利用信息不对称的现象进行资源整合来谋取利润。比如水果店老板，从水果种植人或水果批发市场那里低价购入水果，然后在自己的店里卖，赚取差价。

的确，这类人通常不需要有太高的学问，做得好的话，能赚到不少钱。但是，这样的赚钱方式却不够主动。比如，几年前，某种水果的利润可以达到每斤5元，但整个市场状况发生改变后，利润变成每斤0.5元也是有可能的，而这些，都是不能由自己掌控的。所以说，赚钱的方式比较被动。

淘宝店刚刚风靡的时候，温兰觉得开淘宝店比开实体店的成本要低很多，不用花租金租店铺，只需要搞定货源和物流就好了，看起来很容易，于是兴致勃勃地开起了淘宝店。

没想到，淘宝店一开起来就遇到了问题，她店里的商品总是排在网站的最后几页，几乎没有顾客能看到，因此很难卖出。为了让自己店里的商品被更多人看到，她开始学习网络排名算法，对每一件商品进行关键词优化。

后来，店里的商品排名虽然提升了，但依然没有太多人点进去浏览，于是她开始学习摄影、修图，让商品主图看起来更有吸引力。

当浏览量终于提升之后，她又发现实际购买量并不理想，于是又学习做页面详情页、写文案，学习各种营销技巧。除此之外，还要学习如何与客户沟通、如何包装商品等。

有一次，她写好的商品文案竟被别人抄袭，于是又开始学习法律知识，了解自己应该如何进行维权。

经过了一年的时间，温兰终于认识到，世界上没有容易走的路，很多事情看起来容易，但做起来并非如此。任何一项工作想要做得好，都需要学习相关知识，掌握相关技能。

的确，创业是没有门槛的，任何人只要有想法，都可以去创业。然而，创业之路能走多远，却取决于我们多方面的素质。其中，很重要的一点，就是学习能力。

就像温兰开淘宝店，把店开起来容易，但想要经营下去，就要学习网络排名算法、摄影、修图、文案、营销等各种知识。很多人说，专业的事情要交给专业的人做，自己不懂的领域，可以聘请专业的员工。然而，创业初期，如果每项工作都请专业的人来做，能否保证获得的利润大于员工的薪资呢？就算能够做到收支平衡，甚至有一定盈利，选择什么样的员工，如何管理团队，这些又是一门新的学问。

因此，创业过程中遇到的每一个问题，找出解决方案的背后都需要一定的专业知识，而这些知识，必须通过学习来获得。

第三种——资本家。

资本家，也就是靠投资理财获取收益的人。比如阿里巴巴的投资人孙正义，他的收入来源于阿里巴巴的效益，只要阿里巴巴的运营一切正常，他即使躺在家里睡觉，也能获得不少收入。

然而，很多人也产生了玩转资本的念头，可是，投入了不少资金进去，却并没有获得预期的收益，甚至赔到血本无归。这背后的原因，就是资本家已经具备了丰厚的资本知识，而普通人并没有掌握这种复杂的金融常识，更缺乏对政策的了解和对风向的把握。

由此看来，投资理财也需要学习不少专业知识。

赚钱和学习在本质上并没有必然的联系，但在赚钱的过程中，任何一个步骤都需要大量的知识储备。无论是选择哪一种赚钱方式，想要长久地做下去，都需要通过学习来掌握一定的专业知识。尤其作为职场人，除了要学习专业知识之外，还要学习人际交往相关的知识、口才提升相关的技能、管理学相关知识等，多方面提升自己的能力，才能满足日后职场发展的需要。

如何有效阅读，学以致用

在我身边，有不少喜欢读书的人，但他们大多存在一个很大的问题，那就是所读的书没有给现实生活带来任何帮助。

要知道，我们读书的最终目的，是为了让自己变得更好，如果有人读书万卷，但自身却没有发生丝毫改变，那只能说这些书都白读了。

为什么会造成"白读"的现象呢？因为很多人读书贪多，认为学到的知识越多越好，只管一直读下去，却从不深入思考，不管读到的内容是否已经理解和掌握，更不会考虑该如何将书中的知识应用到实际生活中。

之所以如此，是因为我们在成长的过程中，一直处于被动学习的状态，很少为了解决某个实际问题而主动学习。久而久之，就养成了一种习惯，只在意学习的过程，而忽略了知识的应用。如果你在读书时，最大的念头便是尽快把书读完，或在看书时，只顾得将好词好句进行标注、摘录有用的信息，却从不思考该如何记住它们或如何应用它们，那你就处于典型的为了读书而读书的状态。习惯了这样的学习状态，在面对知识的时候，就会过度关心知识的获取量，而忽略获取知识的结果。如此一来，读书仅仅是停留在了"知道"的层面，而永远无法通往"做到"。

想真正做到有效阅读，就要既能吸收书中的知识，又能将知识运用到实际生活与工作中。也就是说，读书的目的不是把书读完，而是学懂书中的思想，并把对自己有帮助的知识运用起来。

我们需要认识到一点："知道"并不等于"悟透"，而"悟透"并不等于"做到"。想要从"知道"到"悟透"，需要深入思考；想要从"悟透"到"做到"，需要学会运用。

叔本华说："光是不停地读书，过后却不深入思考的话，绝大部分知识都会流失，不会在精神中扎根。"富兰克林说："读书是易事，思索是难事，但两者缺一，便全无用处。"古今中外的智者，都在强调思考的价值，但是，如何才能做到深入思考呢？

其实，所谓的深入思考，就是一个不断将各种信息关联在一起的过程，也是将大脑中的各种信息互相打通，彼此连接，从而形成一个更加系统的网状思维结构的过程。深入思考不仅要针对学到的知识，更要针对现实中的问题。

想要做到深入思考，便要在读书的时候不断追问"为什么"，在思考的时候不断追问"怎么做"，将书中的道理真正理解清楚。

很多时候，当你感觉自己已经"悟透"某一知识或道理时，往往会误认为自己也能"做到"，但实际上并非如此。因为我们在读书时，是顺着书中成熟的思路进行思考，"悟透"的过程，也仅仅是顺着书中的思路去思考现实中的问题，大脑会感觉到很顺畅，便会误以为自己已经将知识牢牢掌握，而这，常常只是一种认知上的错觉。实际上，从"悟透"到"做到"，还有很长一段距离，这需要我们有意识地将学到的知识进行应用。

就像我们学游泳，如果只是去看一本介绍游泳技巧的书，然后在头脑中模拟几遍，我们很容易就会误认为自己已经掌握了游泳的技巧。但是，真正能通过读书就学会游泳的人，恐怕是非常少的。

想要学会游泳，还是要进入水中，将书中介绍的技巧运用起来，在实践中总结经验。

书中悟出的道理、方法和技巧，都只是理论上的行动指南，它的作用就像导航一样，虽然可以告诉我们如何准确地到达目的地，但真正的路还需要我们自己走。

陆游说："纸上得来终觉浅，绝知此事要躬行。"读书不仅是停留于读到的一词一句，更要在学到一项新知识后，想办法去实践。这样才能真正把书上的知识化为我们的本事，把知识的价值运用起来。

学习的三种渠道：读书，读人，读事

想要在职场中不断取得进步，最好的方法就是持续学习和思考。

小宋在建筑公司工作，有一次，他和客户一起去到一个又远又偏僻的地方做勘察，路过一座破烂不堪的桥。

这时候，客户王总突然大声地问客户张总："老张，你说这座桥有多少年了？"张总也大声回答："这我可不知道，你做施工这么长时间了，仔细判断一下不就知道了嘛。"王总转头对小宋说："小宋呀，你是大学生，懂得多，你教我们判断呗？"

小宋立刻停下脚步，仔细看了看破损的桥面，又把注意力转移到了桥身上，他发现每一块石板上都刻着某位名人的语录，于是，他判断这桥应该是该名人最负盛名的时间建成的。

细心的小宋又发现桥身上有一块石头刻的并不是这位名人的语录，而是一句诗，他曾经在书里读到过这句诗，知道是哪位诗人所作。结合这位诗人名声大噪的时间和那位名人享有盛名的时间，他判断这座桥建成于五十年前。

他们找到当地人求证，小宋的判断果然没错。客户们当场赞叹，表示以后的项目都要和小宋这样的人才合作，心里才踏实。

读书是一种很好的学习方式，而学习绝不仅仅局限于从书本中获取知识。博览群书增长知识是学习，了解人心增长识人的本领也是学习；与人交谈时取人之长补己之短是学习，深入思考生活和工作中的规律也是学习。只要有一颗进取的心，哪里都是课堂，把握住日常生活中的每一个学习的机会，在哪里都可以有所收获。

所以，对于职场人来说，读书是学习的一种方式，然而，学习还有另外两种渠道，那就是读人和读事。

学习的第一种渠道：读书。

培根在《谈读书》中说："读书足以怡情，足以傅彩，足以长才。其怡情也，最见于独处幽居之时；其傅彩也，最见于高谈阔论之中；其长才也，最见于处世判事之际。"也就是说，读书可以排遣寂寞、增长见识、提升口才、增强判断能力。我们读的书越多，能够理解的事物就越多，还能够逐渐学会从不同的角度理解同一件事情。

作为职场人，多读书是为自己积累知识的基础。为了提高自己的专业水平，我们可以读一些专业技能相关的书；为了提高职场竞争力，可以读一些提高人际交往能力、管理能力的书；为了了解社会发展规律，可以读一些哲学、历史、社会学等方面的书。读书也不仅仅限于读书本，目前，科技水平发达，网络上也有很多有价值的信息，比如公众号文章、新闻、财报等，都可以有选择地进行阅读。

另外，我们读书的最终目的是将书中的知识转化为自己的学识，从而提高自身能力。所以，读一本书时，遇到有价值的内容可以多读几遍，再联系到现实生活进行思考，最好能将书中的知识在实际生活中应用起来，一是验证书中道理的正确性，二是能将对实际有帮助的知识记得更牢。

学习的第二种渠道：读人。

读人指的是在日常工作中多观察别人，多倾听对方的观点，深入了解对方的想法，多和对方进行沟通。遇到与我们观念不一致的人，不要试图改变对方，而是要更加用心地去了解对方，加强沟通，找到观念差异存在的原因，发掘出从前不曾认识到的东西。

在职场中，与人交往不要仅仅局限于自己所在的领域，更不要局限于自己的公司。不仅要与行业内优秀的人多沟通，还要学会主动与不同行业的人交往，了解更多的人，了解更丰富的工作方式，扩大自己的眼界，开拓自己的思维。

读人也并不仅仅指的是读懂别人，更重要的是读懂自己。深入了解自己的优缺点，了解自己的喜好，树立自己的目标。也可以尝试站在第三者的角度观察自己，这样能够更加全面、客观地了解自己。当发现自己的缺点或不足时，进行深入的反思和全面的总结，找到改正或补足的方式，让自己变得更好。

学习的第三种渠道：读事。

工作中，每天都会有各种各样的事情发生，所见所闻、所听所感，都是我们学习的材料。留心观察各种各样的事情，深入思考事物背后的逻辑，发现事物之间的联系，总结出事物发展的规律，这对于我们更好地处理工作中的问题有极大的帮助。

读事更需要我们在事情发生后进行深入思考，将事物发展的过程进行反复思索，从中悟出事物发展背后的深层逻辑，总结经验与教训，应用到日后的工作中。

学习有不同的渠道，但每一个渠道都离不开深入思考，只有经过了深入思考，才能真正掌握所学的知识、获得宝贵的经验，真正让它们在自己的工作中发挥效用。

如何养成深度思考的习惯

如果说掌握知识与经验是我们学习的最终目标，那么，深入思考就相当于通往目标的必备能力。我们外出时，从起点出发，能否快速高效地到达目的地，取决于交通工具的先进性；学习时，能将知识与经验掌握到何种程度，取决于我们深入思考的效果。

张文是一名活动策划师，主要负责帮助客户策划产品促销活动。由于工作突出，每个月都能拿到一笔丰厚的奖金。

同事孙峰想不通，问领导为什么对张文那么好。

领导问孙峰："有一家餐厅开业，需要你策划一场开业活动，你会怎么做？"

孙峰说："公司帮很多餐厅策划过开业活动，仿照之前做过的项目来做就可以了啊。"

领导把张文叫来，用同样的问题来问他。

张文反问："领导，这家餐厅是哪种类型？开在什么地方？周边同类型的餐厅有多少？"

领导一一回答了他的问题，他又针对领导的回答展开了更加详细的了解。然后，根据这家餐厅的具体情况，给出了适合它的活动方案。

领导看着孙峰问："现在明白为什么张文每个月的奖金都是最多

的了吗？张文具备深度思考的能力，他考虑问题更全面，自然能把工作做得更好。职场就像战场，你比别人思考的多，你想出的办法就更周全，你的成就也就更大。"

想要养成深入思考的习惯，该怎么做呢？

第一种方法，就是锻炼自己进行上推式思考。

什么是上推式思考？

当有人对我们说"漂亮的女生更容易升职"时，你会怎么想？你可能会想："对，就是这样，漂亮的女生更容易受到领导的喜欢，领导更愿意为她们提供机会。"当我们顺着别人的思路走，认同它，并帮它举出佐证时，就是在顺着别人的思路向下思考。但是，如果我们反问一句"为什么"，就相当于将思路向上推。为什么漂亮的女生更容易升职？因为漂亮的女生往往更自信，更愿意展现自己，更容易被领导看见。我们继续向上思考，为什么有些女生漂亮，有些女生不漂亮？是因为有些女生更注重外表，更在意自己的形象，所以看起来比其他女生漂亮。注重自己的形象，这也是工作积极性的体现。

当我们一步一步向上思考的时候，就会逐渐发现隐藏在事物表面背后的深层原因，最终找到问题的源头，将问题认识得更深刻，也就完成了一次深度思考。相反的，如果我们永远顺着别人给我们的信息向下思考，就只能被别人的思路引导着走，而逐渐失去主动思考、深入思考的能力。

第二种方法，是锻炼自己进行下推式思考。

下推式思考并不是指上面提到的顺着别人的思路向下思考，一味地被别人的想法引导着走，而是推演事情发展的可能结果，从而得出合理的判断。

比如，如果有人对我们说"朝九晚五的制度太不合理了，只要每个人能保证每天完成八小时的工作不就行了？何必一定要有统一的上下班时间呢。"

这个时候，我们来进行下推式思考。想一下，如果真的不设定统一的上下班时间，结果会怎么样？每个人的上下班时间不固定，也就意味着任何一个时间段都可能有人来上班，也都可能有人下班，办公室的秩序不稳定，势必会影响大家的工作效率。另外，上下班时间不统一，还会造成同事之间的沟通不便，当某人有某项工作需要找其他同事进行配合时，无法第一时间获得帮助。继续往下想，既然不设定统一的上下班时间存在很多弊端，那能不能让大家投票，将获得票数最高的上下班时间定为统一时间呢？

下推式思考就是这种一步一步向下思考的方式，由一种可能性开始，向下思考它将引发的结果，然后再推演其他可能性，继续向下思考。如此，从点到线，从线到面，从面到体，思考会变得越来越全面，越来越有深度。

遇到问题时，尝试着进行上推式思考和下推式思考，逐渐养成深度思考的习惯，我们就能悟透工作中的很多道理，让工作变得更顺利。

第七章

人际关系要

处理好，特别是

与领导的关系

远离领导的隐私，心腹和心腹之患只有一步之遥

职场中，没有哪位领导希望自己的隐私被别人知道，更不希望自己的隐私被公之于众。

然而，在工作或生活中，我们可能会在无意中得知了领导的隐私。有的员工懂得保护领导的隐私，当作什么都不知道，继续做自己的事；有的员工会为此激动不已，忍不住向领导透露自己已经知道了领导的隐私，甚至将其大肆宣扬，搞得人尽皆知。

陈茹是一家民营公司的普通员工，她做事一向稳重，深得领导的重视与信任。但是，最近领导却不太喜欢和陈茹说话，有重要的事情也都会交给其他同事来处理。

原来，陈茹的领导已过不惑之年，而最近，他的婚姻出现了一些小波折。有一天，领导的电脑发生故障，陈茹帮忙修理。出于好心，她在自己的电脑上添加了领导的聊天账号，以免领导接收不到重要信息。不料，却因此发现了领导婚变的事情。

陈茹认为自己有必要向领导表达同情，因此主动慰问。没想到，领导并没有如陈茹想象的那样对她表示感激，反而态度非常冷淡。

陈茹觉得自己的好心没有得到好报，委屈到了极点。后来她才意识到：没有人希望别人知道自己的隐私，得知了别人的隐私之后，最好的办法就是不问、不说、不传、不理、不睬，避免给别人带来困扰。

对于下属来说，发现领导的隐私如同埋下了一颗地雷，随时都有爆炸的可能。所以，日常工作中，如果遇到旁人在谈及领导的隐私话题，最好马上走开，不要参与。如果一不小心知道了领导的隐私，为避免不愉快的事情发生，装作视而不见也许是最好的解决方式。

还有一些员工，他们以为知道了领导的隐私，就等于抓住了领导的"小辫子"，可以以此要挟领导为自己加薪或升职。殊不知，下属知道了不该知道的事，这是对领导的一种威胁，处理不当，很容易伤及自身。

一次偶然的机会，李小雨从同事那里得知了领导的隐私，就把这件事当作了领导的把柄。有一次，单位组织去旅游，因为名额有限，领导未批准李小雨参加旅游活动的申请。

李小雨为发泄不满情绪，将领导的隐私公开讲了出来，在公司内部造成了非常恶劣的影响。从此，领导对她失去了信任，同事也不再喜欢和她交流，她在公司的发展从此止步。

李小雨终于意识到，正是自己触发了那枚叫作"隐私"的重磅炸弹，才断送了自己的前程。

对于职场人来说，与领导保持良好的人际关系是非常必要的，但关系近到让领导失去安全感，这就不好了。那么，怎样才能成为领导的心腹而不是心腹之患呢？

首先，降低自己在领导心里的危险度。不要主动打听领导的隐私，更不要谈论领导的隐私。如果不小心知道了领导的隐私，如果不想"祸起萧墙"，就要懂得审时度势，为领导保守秘密，做一个值得信任的下属。

　　其次，要懂得"借坡下驴"，适可而止。如果你知道了领导的隐私，并且，还不小心把它透露了出去，那就要做好心理准备——领导对你的信任将大打折扣。要想力挽狂澜，没有捷径可走，只能用更加忠诚的态度和长时间的耐心来修复你们之间的关系。

　　职场中，一定要分清心腹和心腹之患的区别，埋头做好自己的事情，远离领导的隐私。别从"心腹"变成"心腹之患"，否则，吃亏的是自己。

和领导开玩笑？小心是上策

身处职场，无论你的目标是仕途得意平步青云，还是默默无闻地过好每一天，都有必要在办公室这个"无风还起三尺浪"的地方注意开玩笑的边界。哪怕是最轻松的玩笑话，也要注意掌握分寸。尤其要明白，不轻易开领导的玩笑。即使你与领导私下是很好的朋友，也不要自恃你们的交情，与领导肆无忌惮地开玩笑，特别是在有其他同事在场的情况下，更应格外注意。

陈涛和郑伟是一对很要好的朋友，毕业后又应聘进了同一家公司。两个人虽然关系要好，走得很近，但他们的性格有很大差别。

陈涛行事缜密、勤于钻研，很快就熟悉了业务，不到一年就被提拔为部门副经理，成了业务骨干。郑伟做事大大咧咧，升职加薪的愿望也不强烈，虽然与陈涛一同进公司，但仍然是一个普通的办事员。

郑伟是办公室的开心果，他平时非常喜欢和同事开玩笑，同事们都喜欢他。平时，陈涛来办公室找他，他也经常和陈涛开玩笑，逗得大家都很开心。

后来，公司进行了人事调整，郑伟刚好调到了陈涛的部门，昔日的好朋友，成了上下级。从此，郑伟对陈涛的态度就变了。

私下里，他们还是好朋友，但他再也没有直呼过陈涛的名字，而是称他陈总。人前人后，都十分维护陈总的面子。

有同事问郑伟："你和陈涛不是好朋友吗，为什么现在你对他变得那么客气？你们的关系是不是疏远了很多？"

郑伟回答："当然没有，我们依然是好朋友。只是，他现在是我的直属领导，我必须保持好我们的上下级关系，不能因为私交就坏了公司的规矩。"

日常工作中，每个人都要懂得，自己与领导之间，无论关系多么好，永远是上下级关系。既然有职位的高低之别，就要遵循一定的处事规矩。同事之间可以适当开一些小玩笑，但领导需要在下属面前维护自己的尊严与威信，如果你的玩笑开得不得当，很可能会伤害到领导的权威。

所以，作为下属，不与领导开过分的玩笑，这不仅是对领导个人的尊敬，而且还是顾全大局的表现。特别是在正式严肃的工作场合，更要讲究礼节，维护领导的威信。

周松是局长的专职司机，跟在局长身边工作已经有些年头了。他办事勤快，又老实本分，深得局长的信赖和赏识。但不知为什么，局长突然让办公室主任帮他换了一个新司机。周松不明就里地失去了这份工作，感到非常莫名其妙。

过了一段时间，他才从同事那里得知了局长换掉他的原因。原来，在一次出差途中，局长上车不久就打起了呼噜。坐在副驾上的同事冲周松一笑，轻声说了一句："嘀，瞌睡虫来得真快！"

周松顺口搭了腔："睡姿也很有风格啊，真不愧是属猪的。"他觉得，这只是一句简单的玩笑话，而且是在局长睡着的时候说的，没有什么大碍。没想到，局长后来却意外得知了这件事，心里很不舒服。

如果不是同事告知内情，周松怎么也想不到自己是被一句玩笑话耽误了前程。周松对同事说："应该吸取什么教训？就是不管你跟领导的关系有多好，任何时候，都得保持对领导的尊重，千万别得意忘形。"

周松的错误就在于，和领导的关系走近了，领导对他随意一些，他就开始得意起来，一得意就忘形，一忘形就出错，对领导的态度、口气、用词就不注意了，导致祸从口出。

平时和领导相处时，一定要保持清醒的头脑。特别是当领导与自己关系不错时，更要注意把握分寸。

即使你是公司元老，也要尊重你的领导

　　有些有职场资历的人，平时工作中喜欢摆"老资格"，并会以此为资本对新来的同事指指点点。更有甚者，仗着多年来为公司立下的功劳，在领导面前也摆起"元老"的姿态，不仅不顾及领导的颜面，还希望领导也拜服于自己的"威信"。

　　其实，最受领导重视的人，通常是那些谦虚、谨慎之人。一个喜欢在领导面前"倚老卖老"的下属，只会让领导倍加厌恶和忌讳。

　　古罗马皇帝哈德良手下有位将军，跟随他征战沙场多年。有一天，将军觉得自己劳苦功高，是皇帝的忠臣，应该得到进一步提升，便在皇帝面前，底气十足地询问起这件事。

　　"我想，我应该升到更重要的领导岗位。"他报告说，"迄今为止，我已经参加过十次重大战役，论经验谁也没我丰富，而且我跟随您多年，没有功劳也有苦劳。"

　　哈德良皇帝对人才有着绝对高明的判断力，尽管的确如这位将军所说，他参加的战役不少，而且也跟随自己征战多年，但他并不认为眼前这位将军有能力担任更高的职务。这时，将军似乎看出了皇帝脸上的犹豫，非常傲慢地"提醒"哈德良皇帝说："想当年，我也跟随过您的先祖，那个时候您还只是一个小孩子呢。"

　　哈德良皇帝听罢将军的话，随手指着拴在周围的驴子，说："我

亲爱的将军，好好看看这些驴子，它们也至少随我参加过二十场战役，不过可惜，它们仍然只是驴子。"

职场上，丰富的经验与资深的阅历固然重要，但衡量一个人能力高低的标准不仅是这些。倘若过于看重资历而忽略了能力，就会出现"论资排辈"的荒谬现象。而且，这种傲慢之态，也会让领导顿感厌恶。

领导真正需要的是能够切实解决问题、勤奋努力工作的员工，而不是那些曾经为公司做出过一定贡献，但如今完全跟不上发展步伐，还自以为是、只动嘴不动手、倚老卖老的员工。更不是那些在基层混迹了多年，却始终没有发展的人。

吕洲在一家小型铝制品生产工厂工作，最近刚刚升为厂长。这家工厂共有五十多名工人，大部分员工都十分服从管理，唯有老李经常让吕洲头疼不已。

原来，老李已经在这家工厂待了将近八年时间，在铝制品工厂刚成立时，他就跟着老板一起打拼了，算得上是厂中的元老级人物。之前厂里出现过经济危机，也是老李和老板一起撑过去的。吕洲刚进厂那会儿，老李还做过吕洲的师父。

但是，随着厂里的生意越做越大，工人也渐渐多了起来。老李的职位始终没有变化，吕洲却因为工作成绩突出，慢慢成了铝制品厂的厂长。

升职后的吕洲，平时对老李敬上三分，老李却常在吕洲面前摆架子。吕洲给老李安排了工作，老李总是爱理不理，还常常向新来的同事讲吕洲在他手下学徒的事。老李对工作越来越懈怠，还经常责怪别人不尊敬他，动不动就"闹情绪"。终于，在老李又一次闹脾气的时候，吕洲顾不得任何情面，将他调离了生产部门。

职场是一个"能者上庸者下"的地方，没有哪个公司愿意拿出钱来养不为公司创造利润的闲人。即便是为公司出过不少力的老员工，如果违背了员工应该遵守的准则，甚至倚老卖老，态度不端，必然会遭到淘汰。

基层老员工该反思的是自己没能获得提拔的原因，是工作能力不足，还是处理人际关系的水平不够？资历虽然也很重要，但资历要在能力之上才有意义，没有能力只有资历的人，是无法获得公司的重视的。

不要轻易打断领导的话，要学会倾听

培根曾说："打断别人，乱插话的人，甚至比发言冗长者更令人生厌。"耐心听完别人的话再开口，是一种良好的个人修养。

周五下午，公司各部门轮流在大会议室召开例会。轮到陆红所在的运营部时，她们发现市场部的例会还没有开完，只好在门外等候。陆红在门口听着他们的会议内容，认为正在发言的市场部经理发表的意见不完全正确，立即推门闯了进去，粗暴地打断了市场部经理的话，发表了一番自己的见解。市场部的人对她的这一行为很是反感，于是草草结束了会议。

还有一次，老板正在和客户谈生意，陆红刚好有事请老板定夺。她看到了老板正在和客户谈话，但还是走过去打断了他们，说："老板，今天上午……"老板摆摆手，说："你先出去，一会儿再说。"陆红说："我就几句话，您先听我说。"老板急了："没看到我正在忙吗？"陆红很不服气地走出了老板的办公室。

因为改不掉随意打断别人讲话的坏习惯，包括老板在内的各级领导对她的印象都不太好。

无论是打断经理的发言，还是在老板和客户面前插话，陆红都有她的理由。的确，市场部经理的话中可能存在不正确的地方，打断老板与客户谈生意也确实是为了工作的事情，但这并不能成为她随意打断他人的理由。

特别是，如果像陆红一样，给领导留下喜欢随意打断别人的固定印象就不好了。因为如此一来，哪怕日后她真的有极其紧急的事情不得不打断领导，领导也会因为对她的负面印象而不重视她的事情。

吴可是同事口中的话痨，无论是平时闲聊还是正式开会，他的话总是特别多。

有一次，部门开总结大会，吴可患了咽喉炎，无法正常开口讲话。整场会议过程中，他只能用表情和手势与大家交流。

很多次，领导的话没说完，他就急着做补充，但张开嘴又发不出声音，只好继续听下去。但他又是一个表达欲极强的人，于是默默把想说的话记在本子上，打算等会议结束，用文字的方式表达自己的看法。

意外的是，当他写完第一个需要补充的内容后，他发现领导已经在谈这些了，只好把这一项划掉。每写下一项，过上一会儿就又需要划掉。会议结束后，根本没有需要他补充或纠正的内容。

领导走到吴可身边，拍着他的肩膀说："小吴啊，你今天的进步太大了！不仅十分注重会议秩序，还全程认真地记笔记，真是令人刮目相看啊！继续努力！"

吴可这才意识到，自己从前总是打断领导讲话有多么不对，更是多么地没有必要。从此，他渐渐养成了认真聆听的习惯。

喜欢打断别人的人，他们或者是不够耐心，或者是表达欲望过于强烈。他们打断别人的理由也很充足，比如对方讲话太过啰唆，或话语里有漏洞，或讲得不够全面，又或者对方有误解自己的意思，因此急于辩解。但是，无论何种情况，打断别人讲话都是一种非常不礼貌的行为。除非对方喋喋不休、没完没了，否则，耐心听完之后再开口则是很有必要的。

特别是在领导讲话时，更要认真聆听。因为领导讲话通常不会喋喋不休，而是有明确的重点、具体的目的，作为下属，认真聆听的过程也是我们领悟领导指示的过程。另外，有些领导在讲话时，会或多或少地分享自己的经验，为下属提出一些指导，贸然打断他们，就相当于阻挡了他们提点你的机会。而且，没有人喜欢讲话时被别人打断，经常打断领导讲话的人，势必会给领导留下不好的印象，自己的发展也会受到影响。

每个人都有权利就正在探讨的话题发表自己的意见，但是要注意发表意见的时机。哪怕在领导给我们安排任务时，我们没听懂，也要在领导把所有的事情交代完之后再发问。养成尊重他人的习惯，才能给别人留下好印象。

领导也有短处，你只需在他的长处上下功夫

在职场中，有些人会有这样的感觉：领导在某一方面的能力似乎很一般，甚至还比不过自己。正所谓人无完人，每个人身上都会有短处，领导也不例外。作为下属，要正确看待领导的长处与短处。

宋奇入职两个月后，发现他的女领导许总是个雷厉风行的人，思维非常敏捷，办事也很果断，但她有一个缺点，就是说话太直接，不仅惹得下属怨声载道，有时还会得罪客户。

宋奇在平时的工作中，经常听到同事们对许总的抱怨，但他觉得，作为下属，与其抱怨领导的缺点，不如在她的长处上下功夫。

在工作中，许总发现宋奇存在问题时，会十分严厉地指出，但宋奇从来不会产生负面情绪，而是虚心听取许总的指导，认识到自己的问题之后加以改正。

渐渐地，许总认为宋奇是个可造之材，常常带着他出去拜访客户。宋奇深知许总说话耿直，难免对客户有些小冒犯的行为，他常常暗地里为许总打圆场，因此许总更加看重他，半年后便提拔他做了她的助理。

作为下属，我们应该如何正确看待领导的长处与短处呢？

1.接受领导的不完美

人无完人，领导必定是有短处的。即使领导是你一直崇拜的人，

当你发现他的短处之后，也不要失望，而是要接受领导的不完美。

2.不要放大领导的短处

有些人在更换了新领导之后，会喜欢将前后两任领导进行比较，特别是喜欢将现任领导的短处与前任领导的长处做比较。遇到任何问题都会忍不住去想：如果是前任领导，他肯定不会这么做，从而对现任领导产生不满情绪。

过分放大领导的短处，会让自己产生不满情绪，这么做，受到影响最大的人是自己。

3.不要公开揭露领导的短处

很多时候，一个人的短处正是他自己十分介意的地方，是不希望别人公开提及的。所以，当我们发现了领导的短处后，最好不要直接说出来，更不要将领导的短处在大家面前提起，损伤了领导的颜面。我们能做的，就是为领导做一些有价值的事。

当你的长处刚好能弥补领导的短处，并且为领导立下了一定的功劳后，也千万不要频繁的把功劳挂在嘴上。因为成为领导左膀右臂的同时，也要考虑领导的内心感受，适当维护领导的尊严。

4.经常赞美领导的长处

每个人都喜欢被别人赞美，经常赞美领导的长处，并表达自己希望成为领导这样的人，不仅能让领导高兴，更能让领导知道你是一个上进的人。并且，领导也会更愿意主动帮你做这方面的提高，你的能力也就能得到进一步的提升。

领导不是完人，别盯着领导的短处不放，多在他的长处上下功夫吧。

维护领导的面子，就是维护自己的前程

作为下属，能够随时维护领导的面子，就是维护领导的尊严和权威，是最能赢得领导信任和青睐的方法。

苏震工作时非常不喜欢别人指指点点，偏偏他的领导张总是个很严谨的人，经常指出苏震工作中的细小问题，这让苏震非常不舒服，于是他决定要找个机会给张总难堪。

有一回，他做了一个项目建设方案计划书，需要在会议上向客户汇报。就往常来说，汇报之前，是应该把方案交给张总过目的，但他却以工作太忙为由搪塞了过去。会议上，他对在座的各位领导说："我们张总是科班出身，比我懂得多，计划书的内容他都清楚，我就不在这儿卖弄了，请张总给大家讲解吧。"说完扬长而去。留下对方案一无所知的张总愣在那里，但在众多客户面前，张总也只能硬着头皮讲下去。

虽然苏震很有才华，但张总已经对他忍无可忍。没过几天，便抓住苏震工作中的一个小纰漏，以他工作不认真为由，将他调离了自己的部门。

下属的想法，领导往往很清楚。如果自己的下属故意在公开场合使自己丢了面子，下不来台，领导也不可能看不懂背后的原因。

而如此作为的结果便是，领导不会再给这样的下属留情面。

事实上，领导也希望有一个能时刻维护自己面子的下属。如果你能够与领导搞好关系，比如在适当的时候为领导填补一些工作上的缺漏，很好地维护领导的尊严，领导会记得你的善意，也会明白你的心思。

那么，身为下属，我们究竟该如何维护领导的面子呢？

首先，向领导提意见时要照顾到领导的心情。

给任何人提意见都要讲究方式方法，给领导提意见尤其如此。因为提意见时必然需要指出对方的缺点或错误，而没有人愿意在别人面前暴露这些。所以，一旦提意见的方式没有把握好，常常会伤及对方的面子，引起对方的反感。表达方式不当，即使领导明白你说的不无道理，也可能会碍于面子而对你进行驳斥。

欲抑先扬是一种很好的提意见的方法。这种方法的要旨就在于，当你想给领导提意见时，为避免损伤领导的面子，不直接指明领导的错误，而是先肯定领导的做法，并按照领导的逻辑进行推理，直到推理出存在错误的地方，再引导领导发现错误并改正过来。

其次，遇事多请示领导。

遇到事情多请示领导，也是维护领导权威的表现方式。因为下属向领导的请教，能够满足领导的一种心理上的需要，即自己的地位要高于下属，自己的下属需要自己的帮助。

再次，不要直接顶撞领导，尤其不要当着众人的面顶撞。

作为领导，有着比较特殊的身份和地位，对自己在下属面前的威信比较重视，所以，下属无论在何种情况下都要保证不损害领导的面子。

在公共场合，当领导出现了一些小问题时，你试着巧妙地为领导挽回面子，这同时也是考验自己应变能力的一种方法，更是给自己找到了与领导拉近距离的机会。当你为领导维护了尊严和权威后，你的好运也会紧随而至。

不要事事完美，给领导预留指导空间

作为一名员工，我们该懂得，任何时候，都要维护领导高大的形象，只有领导的形象高大起来，我们才会跟着好起来。如果你的光彩超越了领导，领导很有可能会产生不愉快的心理，对你有所忌惮。

所以说，一个明智的下属，应该懂得适当把自己的功劳归于领导。

张露是一家大型企业的秘书，有一次，她和领导一起陪客户做活动。宴会上，张露跟客户聊得很好，甚至越过领导，成了客户关注的焦点。

宴会结束后，大家一起往外走，一位同事偷偷地对张露说："你很睿智，但要知道，作为下属，太抢领导的风头总归不大好呀。"张露心里一惊，反思自己的表现，确实是太抢领导的风头了。果然，回到公司以后，领导对她的态度有了明显的变化。

后来，张露在这个问题上留了心，回想起从前也有过类似的情况。比如与韩国客人在一起吃饭时，因为自己懂韩语，所以跟韩国客人聊得热火，完全把领导晾在一边。

之后，张露便懂得了掌握分寸，将出风头的机会留给领导。

　　每一位领导都有他的过人之处，并且，他们已经习惯了独当一面，或迎接众人的掌声。因此，无论在任何场合，他们都习惯了做主角。那么，当有表现的时机和场合时，就不要忘了将领导推到前面。

　　在职场中，任何人的任何一项成绩的取得，都不是个人努力的结果，它离不开同事的支持、配合、协助，更离不开领导的安排、指点、影响，领导不会与你争抢功劳，学会顺水推舟地把功劳让给领导，领导的心里会更舒服。

　　有些领导即使非常欣赏有才华的下属，但看到自己的下属太过风光，甚至经常超过自己，心理也会有些许的不舒服。领导大多是爱面子的，如果你不懂得适时地给领导出彩的机会，那你可能也很难在职场发展中出彩。这是一个共赢的时代，当你主动给领导创造表现的机会，领导也不会忘记你的功劳，他会悉心指点你，帮你少走弯路，缩短奋斗的时间。

　　张艳和宋珍两个人都是某办公室领导的秘书，他们两人的才能不相上下，都能写出一手好文章，但是，在他们给领导写演讲稿时，做法却截然不同。

　　张艳很善于领会领导的意思，她写出的稿子往往是一锤定音，领导根本挑不出什么毛病。相对于张艳，宋珍则显得有些"笨拙"，她的初稿总有些不尽如人意的地方，但经领导的点拨，也很快就能改得漂漂亮亮。不仅如此，宋珍还经常针对自己的工作内容、发展路径等问题，向领导请教，领导给她提出的每一条建议，她都会认真践行。

　　几年后，张艳仍在秘书的位置上做着基础的工作，而宋珍却早已升职。为什么看似比张艳"笨拙"的宋珍能步步高升？有人寻问宋珍其中的奥秘，宋珍微微一笑，回答道："如果你的水平很高，甚至比领导的水平还高，那领导的成就感从哪来呢？如果你经常向领导请教，领导会不会觉得你更有上进心呢？"

想要在职场中取得成就，态度和能力仅仅是一个方面，适当给自己留点"瑕疵"，给领导留出指导的空间，满足一下他的虚荣心，能增加他对你的好感，也能加重你在他心中的分量。所以说，有出风头的机会就尽量留给领导，给领导表现的机会就等于给自己一个晋升的机会。

虚心而诚恳地请教，获得领导的青睐

获得领导青睐的一个好方法，就是经常虚心向领导请教。毕竟，每个人多少会有些好为人师的心理，职场中的领导也不例外。当你虚心向他求教时，就极大地满足他的这种心理，领导就会把你看作上进的人而欣赏你。

刘思做业务员时，他的直属领导张总是一位说话非常幽默的人。公司里的管理层会议是极其严肃的，但有了张总的参与，往往也有了很多欢声笑语。

因此，刘思非常敬佩这位领导，并且下决心要学习他的幽默，同时学习他的人生观和处世哲学。由于刘思经常虚心求教，张总也就十分亲切的指导他，有时，有重要的活动也会带他参加。刘思不仅能力提升得快，也是同一批入职员工中职位提升最快的。

在职场中，能力并不等于一切，比能力更重要的，往往是态度。要知道，谦虚的态度比你是否拥有卓越的才能更加重要，因为才能可以培养，但狂妄的态度却只会让人产生厌恶感。

吴恩大学毕业后进入一家软件开发公司，由于成绩出色，工作半年后，他就被提拔成为一个重点研发小组的组长。这对于刚刚走进职场没多久的他来说，是一件值得高兴的事情。

吴恩从此便开始有些飘飘然了，在领导面前也没有了以前的尊重，对同事的态度也变得趾高气扬起来。可是，没过多久他就发现，除了日常的基本工作外，领导不会再分配给他重要的研究项目，同事们也不大喜欢和他交流，自认为了不起的他只能看着别人的发展势头盖过自己，默默感叹自己的怀才不遇。

一段时间后，吴恩认识到，这样下去很难实现他的职业理想，他决定放低姿态，转变对领导的态度，并且经常向领导请教问题。

经过了一段时间的努力，领导对他的态度有了转变，同事们也慢慢接受了他。很快，吴恩就被邀请加入到一项重点项目的研发工作中，在他与同事们的共同努力下，这个项目很快就完成了。在这一段时间里，吴恩也从同事那里学到了很多东西，更没少获得领导的帮助。在这种大家互相帮助的环境下工作，他的工作越做越出色。

作为下属，向领导请教是非常正常的。千万不要想：我经常问领导问题，领导会不会觉得我能力差？如果你这样想，那就太多虑了。每个人都有虚荣心，身为领导的人也是如此。他们希望自己的下属来请教自己，因为这证明了他在工作上的博学多识。这不仅能在一定程度上满足他们的心理，自己也能因此受到领导的重视。

反之，你假装什么都懂，什么都不问，领导可能会觉得"这个人恐怕不是真懂"，因此感到担心。

在职业生涯的发展中，个人能力的强弱是一个很重要的方面，与领导关系的好坏同样也是一个很重要的方面。如果初入职场的你没能处理好与领导的关系，那么，你以后的工作可能也很难顺利。向领导请教既表达了一种虚心的态度，又是一种为人处世的礼仪，更是拉近自己与领导关系的最好办法。所以，平时主动去问"关于某件事，某个地方我不太清楚"或者"这个地方我是不是可以这样理解?"等等，给领导留下一个谦虚上进的好印象。

功劳面前，学会收敛自己的锋芒

工作中，不要以为自己立了功，就有了骄傲的资本。立了功，的确说明你是有才华、有智慧的，可是你一定不能居功自傲，独享荣誉，而是要首先归功于领导，因为没有他的认可和器重，你再有能力也不一定有崭露头角的机会。

薛敬文在一家杂志社做编辑，他是一个很有才气的小伙子，对编辑工作有着独特而不俗的理解，因此很受同事们的欢迎。前一段时间，他还获得过一次创意奖，为此他很兴奋。但过了一段时间，他就觉得不对劲了，因为最近他的领导常给他脸色看，还处处为难他，他想不通是哪里得罪了领导。

他把苦恼向一个朋友说了，朋友在了解清楚他的情况以后，指出了原因：薛敬文得了创意奖，领导表扬他非常有做主编的潜力。问题是，此次获奖并不是他一个人的功劳，领导为他提出过一些指导，同事们也对他多有协助，但他却没有丝毫感谢，这自然让他的领导感到不舒服，从此以后，便给他脸色看了。

遗憾的是，薛敬文对朋友的分析不以为然，结果，三个月后就因为与领导和同事的关系处理不好而辞职了。

薛敬文的才华获得了领导的赞赏，但他不懂得对领导和同事表达感激之情，因此惹得大家对他有了意见。工作中获得的成就，自然倾注了我们不少心血。但是千万不要独享了这份荣誉，让人觉得你目中无人、恃才自傲引起他人反感。

王濬是汉末三国至西晋初年的名将。公元280年，他巧用火烧铁索之计，灭掉了东吴，结束了三国分裂的局面，国家归于统一。没有想到，王濬刚刚取得战争的胜利，就被人诬陷。安东将军王浑以不服从指挥和抢劫珍宝为由，要求将他交给有关部门论罪。

这让王濬感到非常畏惧，他想起了邓艾的悲剧：当年，消灭蜀国的大功臣邓艾就是在得胜归来之后被谗言陷害而死。他害怕自己和邓艾的下场一样，便一再上书，陈述战场的实际状况，辩白自己的无辜。晋武帝司马炎倒是没有治他的罪，而且力排众议，对他论功行赏。可每当王濬想到自己立了大功却遭到周围人如此对待，便伤心不平。每次面圣，都一再诉说他伐吴之战中的辛苦以及被人冤枉的悲愤。有时说到激动处，也不向晋武帝辞别，便愤愤然离开。他的亲戚范通对他说："您的功劳固然很大，可惜却不会韬光养晦，难怪受人排挤！"

王濬问："此话怎讲？"

范通说："当您凯旋之后，应当闲居家中，也不要处处都提自己以前的功劳，如果有人问起来，你就说，'是皇上圣明，诸将努力，我并没有什么功劳'。这样，你就能避免灾祸。"

王濬按照他的话去做了，谗言果然没有了。

嫉妒是人性的一大弱点。功劳面前，让领导更高大，这不仅仅能让领导高兴，同时也能让同事们心中舒服些，自己的发展也就更顺利些。

作为臣子，最忌讳的便是居功自傲，在历史上，但凡这种人，多半没有好下场。

当年刘邦问韩信："你看我能带多少兵?"韩信说："陛下带兵最多也不能超过十万。"刘邦又问："那么你呢?"韩信说："我是多多益善。"正是这样的回答，让刘邦对他耿耿于怀。

爱听奉承，这是人性的弱点，领导者亦是如此。有功归上，正是迎合了这一点。工作中取得的成绩，会给你带来一定的荣耀，但是，一些人自以为有功便忘了领导，这很容易引起领导的不满，甚至嫉恨。所以，要学会放低自己的姿态，把功劳让给领导，把众人的目光引到领导身上，这才是明智的做法。

第八章

与领导相处，

你要懂得的

几个基本道理

领导如战场指挥官，你首先得服从

战场上，"服从"不仅是一种号令，更是军人应履行的天职。同样的，在职场上，"服从"不仅代表着员工对公司的忠诚，也代表着对领导的尊重。

在一家公司里，领导往往不仅是权力的代号，更是率领下署通往胜利方向的指挥官。

哥伦比亚大学商学院的迈克尔·费纳曾经说过："多数老板喜欢自己努力后所取得的权力和威信。"作为下属，服从是首先应该遵从的职业准则，做一名合格的服从者，才能让领导更舒心。

美国前国防部长军事助理、本福尔德号的舰长迈克尔·阿伯拉肖夫，从小在一个穷困潦倒的乡村黑人家庭中长大。他打小便对海军十分敬佩和向往，因此高中毕业后，迈克尔·阿伯拉肖夫便去了当地海军招兵处报了名。

迈克尔·阿伯拉肖夫回家收拾好背包，他的母亲将他送到开往奥兰多新兵训练营的长途汽车前，紧紧拉着他的手说道："我只嘱咐你一句话，要想当杰出的领导者，只有先当出色的服从者。海军那些人知道该干什么，你只要按他们的吩咐去做，准保将来有出息！"正是母亲的这句临行赠言，让迈克尔·阿伯拉肖夫受益一生。

他在新兵训练营时的表现十分杰出，时刻遵守着母亲的话——

"一切行动听指挥"。后来，他以优异的成绩从新兵训练营毕业。当他的父母出席新兵受训结业典礼时，迈克尔·阿伯拉肖夫的指挥官将他的父母拉到一旁说："像他这样脑瓜聪明、一教就会、听话守纪律的新兵，实在罕见！"

多年后，迈克尔·阿伯拉肖夫向好友回忆起往事时，不禁感叹："我的母亲果然是一位智慧的女人！"正是迈克尔·阿伯拉肖夫坚定不移地贯彻服从精神，最终才取得了丰厚的回报。

领导作为团队的核心人物，通常代表着团队的形象。因此，他的任何言行和决策，不仅是为了整个团队的高效运行，更是经过深思熟虑才做出的。作为普通员工，当你还没懂得上级思考问题的方式和做事方法之前，服从是最明智的。

很多时候，服从还会拉近我们与领导的距离。距离近了，我们自然就能从领导那里学到更多的知识，自然就能避开更多工作中的误区。而且，服从之后，我们还能在实际行动中进一步领悟领导的用意，了解领导的心思，分析领导思考问题的思路，逐渐成为领导身边最得力的助手。

赵振和刘雨同时进入一家广告设计公司担任设计师。这家设计公司在业内的知名度并不是很高，因此客户只会与他们进行一些简单的业务往来。后来，营销部的同事和两家非常知名的公司达成了合作，这无疑是拓宽了公司的业务，加大了公司的知名度。领导以及所有的相关人员都非常地兴奋，觉得公司的机会来了。

当时的赵振和刘雨进入公司已经将近两年的时间，两人在业界的口碑也算过得去，于是领导决定将这两个新案子分别交给他们两人设计。

　　赵振看到领导交给他的展台设计书时，发现设计要求相当高，跟他之前做的案子完全是两个级别。但他认为这是一次宝贵的机会，于是信心满满地向领导表示自己一定完成任务。而刘雨接到案子之后，对领导说："这个案子的要求太苛刻了，简直是一个不可能完成的任务，我肯定是做不来的。"但领导对他表达了信任，希望他按时完成任务。他虽然勉强点头，但并不认同领导的安排，也并没有开展任何设计工作。

　　半个月后，赵振将他的设计方案交到了客户的手中，获得了客户的认可。但刘雨却始终没有拿出方案，遭到了客户的投诉。领导这才知道刘雨根本没有进行方案设计，急忙将这个案子也交给了赵振。赵振有了上一个案子的经验，花费了十天时间就完成了设计，并且得到了客户的认可。

　　服从领导的安排，满足领导的期待，这才是一个做下属应该有的态度。作为下属，要学会相信领导，相信领导分配的任何任务都有其道理，在接受任务的时候爽快地回答，"我会尽力做到最好"，这也是对领导的一种尊重。

　　每一个领导都酷爱有执行力的员工。坚定不移地接受，然后全力去执行，是赢得领导青睐的最好途径。

大多数情况下，领导是对的

作为下属，当领导向我们下达某项指令，或指出我们工作上存在的问题时，我们无非会有两种反应：第一，领导说得对；第二，领导说得不对。那么，当我们认为领导不对时，我们究竟该秉承怎样的态度呢？

近日，公司与一位重要客户谈成了一项业务，业务内容是合作开发一项手机软件，胡风作为公司新来的产品设计人员，这款软件的界面设计工作就由他来负责。并且，总监表示，工作完成得好，会给胡风发放一笔奖金。

胡风提出了三版设计方案，但客户全都不满意。经过多番讨论，他发现客户很喜欢心形元素，只要方案中存在心形元素，客户就会相对满意一些。于是，胡风就在方案中加了很多心形元素，希望以此获得客户的认可。

设计部总监看了胡风提交的方案后，提出了不少修改意见，还特别要求他去掉所有心形元素，理由是市场上同类软件的界面几乎都采用了这一元素，此次方案要尽量避免雷同，才能突出自己的特色。他还告诉胡风："我们首先要对产品负责，这样，才能真正让客户满意。"

但胡风认为，既然客户非常中意心形元素，就该以客户的喜好为主。另外，加入了心形元素的方案会更容易达到客户的满意，这也就能为他减少工作量。于是，他参考总监的意见，将方案的其他部分做了修改，但保留了心形元素，并瞒着总监递交给了客户。果然，方案很顺利地通过了，并且很快投入生产。

软件上架后，很多用户反映这款软件的界面毫无特色，软件的利润受到极大影响，胡风的奖金也打了水漂。

对于工作上的决策问题，当下属认为领导犯错时，不外乎两种情况：一种是领导真的犯了错；另一种是，下属不能真正理解领导的用意，误认为领导做得不对。假如领导犯了原则性的错误，当然不能颠倒黑白，毫无立场地力挺领导。但是，很多时候，我们认为领导错了，可能是因为我们与领导的认知水平不同，不能真正站在领导的层面理解问题。因为，对于同一件事情，不同的人会有不同的看法，特别是站在不同的立场上，会有不同的判断。当我们对领导的决策存在异议时，先不要急着反驳，而是默认"领导是对的"，再尝试站在领导的角度思考问题，或许就会得到完全不同的答案。

那么，如果经过思考之后，依然认为领导的想法或做法不对，怎么处理才是最好的呢？

作为下属，我们应该主动提出自己的观点，表达自己的真实想法，特别是在你的专业领域上，更要勇敢发出自己的声音。但是，要想说服领导，要有足够充分的理由。另外，领导有权利不接受下属的质疑，即便领导的决定看起来错误，只要不会给公司造成巨大损失，也不会违反法律、违背公序良俗，当领导坚持要求我们服从时，就该服从。

为什么领导错了，还要服从领导呢？

除了以上提到的，可能是下属没能理解领导的真正用意之外，还有一个重要原因，那就是领导是部门业务的第一责任人。无论他的决定是对是错，第一个站出来承担责任的人是他，而不是任何一位下属。下属无法为领导的错误买单，也就不要干扰领导的决策。

总而言之，与领导相处，首先要懂得的道理就是"领导是对的"。特别是初入公司的职场新人，对于领导的决策，尤其是对于工作中的重大决定，最好先采取认可的态度，当有不同意见时，多思考，而不是一意孤行。

加强与领导沟通，让领导知道你的想法

在职场中，许多人之所以能够顺利得到晋升，是因为他们懂得沟通的力量。当他们没有完全理解领导分配的任务，或者自己有更多的想法时，都会主动开口，让领导了解自己的实际情况。

王媛媛是一家名企的办公职员，刚入职不久，对工作还不熟悉，难免遇到难以解决的问题。但她性格腼腆，对于不了解的事情，不好意思询问同事，更不敢问领导，常常为一点简单的小事忙上一整天。

有一次，领导让她做一份电子表格，做完后打印30份，拿到会议室发放给前来参会的合作商们。她从领导的办公室出来后，立即回到办公桌前准备做表格。但她猛然想到一个问题，就是不清楚领导要的表格是哪种形式的。她心里着急，但又不敢发问，只好随便选定了一种形式做好。

会议开始后，领导才发现她做的表格形式完全错误，会后严厉地批评了她。

在工作中，很多人不敢直接与领导沟通，特别是性格腼腆、内向的人。当然，遇到问题后，能够靠自己的能力独立克服，这是值得鼓励的，但如果是一些需要沟通才能解决的问题，就一定不能闭

门造车。特别是对于领导下达的重要任务，首先要确保自己充分理解了领导的意思，对于不懂或不确定的地方，一定要及时询问，以免影响工作。

要想在职场上有所发展，就千万不要关掉你与领导的沟通之门。工作中，大部分问题都可以靠沟通解决，不要让内向的性格成为你工作中的绊绳。哪怕你提出的问题有些简单，或你的建议不够成熟，也不必担心领导会因此厌烦你。比起一个不喜欢沟通的下属，领导更喜欢积极向上、主动思考的下属。

另外，当我们在工作中存在疑惑，或与领导产生意见分歧时，也要在依据事实和尊重领导的基础上，积极地提出自己的看法。我们只有大胆地与领导沟通，才能更明确领导的意图，得到更好的解决方法。

李思刚任职某家化工集团的文案专员时，工作能力并不是很突出，如今却已经是部门中的佼佼者了，不仅得到了领导的赏识，在同事间也很有威望。

原来，李思制胜的法宝就是两个字——沟通。

她刚刚进公司的时候，只要遇到了不理解的问题，就一定会积极主动地提出来；不仅如此，她还习惯主动思考，对一些问题有了自己的想法之后，就会提出自己的建议。一开始，由于自身能力有限，她提出的建议经常被领导否定，但正因为如此，她才获得了成长的机会，思考变得越来越深入，工作也做得越来越好，成了同一批入职的员工中，成长速度最快的人。

李思说："良好的沟通能力是工作的必备技能之一，沟通不仅能解决工作本身的问题，还能解决情绪问题。每当我在工作中产生烦恼，总会及时和领导交流，很快就能摆脱烦恼。不然的话，把负面情绪憋在心里，对自己不利，对工作更不利。"

领导都希望下属能与自己增进交流，在他们眼里，能够主动敲自己门的员工，一定是有理想、有抱负的人，必然会重视他们。作为下属，我们可以通过沟通来增强与领导的交流，进一步理解领导的想法，也让领导对我们的想法有充分的了解，双方能够更加顺畅地开展工作。

但是，千万切记，主动与领导沟通，并不等于刻意向领导"秀"自己，而是有针对性地解决具体问题。另外，跟领导沟通，也要注意方法。例如，在沟通前做足准备，以免贸然开口，得到适得其反的结果。沟通时要注意态度和语气，抱着学习的态度与领导交流，特别是提出质疑或建议时，更要诚恳而委婉。

学会去做一个善于沟通的员工吧！只有当你敢于向领导提出你的想法，才能冲破自己的困局，实现向前跨跃。

领导交代的事要及时反馈，让领导心中有数

下属对领导交代的事情及时反馈，这不但是对工作负责的表现、而且能提高自己的工作效率，更能体现自己对领导的尊重。对于领导来说，也需要掌握下属的工作进程，从而在整体上掌控工作情况。

很多人不愿意向领导汇报工作，即便是必须汇报的时候，也总是笼统地一带而过，不会汇报具体的细节。究其原因，大多是出于对领导的恐惧和生疏。但是，汇报工作不及时或不到位，不仅会影响工作的顺利开展，更不利于培养与领导的关系。

谢军手下有两个得力干将，一个叫纪刚，另一个叫吴雄。这两个人几乎是同一时间进的公司，能力相当，而且都非常敬业。但是，经过一段时间之后，谢军对两人的态度却发生了改变。有重要的工作，他总是优先交给纪刚处理。吴雄看在眼里，心里很不是滋味。

有一天，吴雄终于鼓起勇气问谢军："谢经理，最近是我工作上犯了什么错误吗？为什么您总是把重要的工作交给纪刚，从来不交给我呢？"

谢军反问他："小吴，上周我让你跟进一下公司的新业务，你做得怎么样了？"

吴雄不明就里："做得差不多了。"

谢军又问："那半个月前我让你梳理一下固定项目的流程，你做

好了吗?"

　　吴雄回答:"也差不多了。"

　　谢军拍了拍吴雄的肩膀，说道:"小吴，你看，我交给你的工作，你从来不主动汇报进度，每次都要我来问你。纪刚跟你一起进公司，说实话，能力跟你差不多，但我交代给他的工作，他总是及时向我汇报情况，做到什么程度了、遇到什么困难了、需要什么帮助了，我都一清二楚。你说，站在我的角度，我更喜欢谁呢?"

　　吴雄听完谢军的话，这才恍然大悟。从此以后，对于领导交代的任务，他都及时反馈，终于重新赢得了领导的重视。

　　领导安排给我们的任何工作，他都是需要掌握工作进度的。不及时汇报，领导就无法做到心中有数。另外，不及时汇报工作，还可能引起误会。有些领导比较了解自己的下属，没有及时收到工作汇报时，也不会想太多。但当领导对下属的工作能力不了解、下属又没有及时进行工作汇报时，领导就可能产生误会，误以为下属对工作不认真，或以为下属对领导不重视，又或者以为下属对公司有负面想法，等等。为避免这样不必要的误会，更为了工作能够顺利开展，我们要主动汇报工作进度，让领导放心。

　　另外，每个人的工作能力不同，因此，对于领导交代的任务，每个人需要的时间也不一样。工作能力强的员工，可能很快便能完成任务。但有的时候，可能由于工作难度大，做起来十分耗费时间。所以，我们应该积极主动地向领导报告工作进度，让领导及时了解我们的工作情况，针对我们遇到的问题，及时帮助解决。

　　汇报工作还有一层好处，那就是可以在汇报的过程中，不着痕迹地把自己的贡献一一表达出来，得到领导的认可。

周雪华从事企业标志设计工作，平时工作十分努力，每做一项重要的设计，都需要连续几天几夜泡在工作台上。她不仅工作卖力，还非常注重与领导的沟通。领导工作忙，几乎没有时间听她的工作汇报，为了及时让领导掌握她的工作情况，她常常"见缝插针"。

他们公司在二十层，电梯就是周雪华向老板汇报工作的常用地点。电梯从公司的一层到二十层，时间宽裕得很，足够完成这项重大任务。

周雪华在电梯里汇报工作，也是讲究技巧的。她会挑选老板看起来心情不错的时候开口："头儿，XX的设计到了收尾阶段，前天给您发了设计初稿，如果初稿确定的话，接下来就能开展下一步工作了。"

领导："不错啊，我觉得XX处的设计非常出彩！"

周雪华："头儿的眼力果然厉害，当初设计的时候，这个地方真是颇费了一番脑筋，本来……不过……最后……"

领导："听你说得头头是道，莫非XX的创意是你想出来的？"

周雪华："我是吸取、整合了大家的好点子之后，形成的这个创意……"

领导心领神会地点点头。

周雪华"见缝插针"的汇报，不仅能让领导及时了解到她的工作进度，更能巧妙地让领导知道她在工作上的贡献，一举多得。

如果你希望领导重视你、欣赏你，首先要让领导了解你的能力。而主动汇报工作，就是让领导了解你的最直接方法。

别擅作主张，任何重大决定都要向领导请示

在职场中，除了要认真工作、努力提升自己的能力之外，还有一些原则是在任何时候都不可忽视、必须遵守的。其中之一，就是无论领导交代你的事情有多细微，只要涉及关键性的决定，都不能忽略向领导请示这一关键步骤而擅作主张。

所谓"一着不慎，满盘皆输"，当你代替领导做决定的时候，你并不知道领导心中的想法是什么，一旦导致了不好的后果，却需要领导来承担。另外，即使你做的决定与领导并无二致，长此以往，领导也难免会认为你越俎代庖，心中不舒服。一旦领导对你擅作主张的行为心生厌恶，无论你平时多么努力，都难以再获得更好的发展。

丁宁一直从事销售工作，在单位的人缘还不错，但就是有一个毛病，那便是做什么事情都爱自作主张，为此不得经理的赏识。

一天，经理出差了，公司接到了一通由经理直接负责的贸易供应商打来的电话，对方催促问："那件事办得怎么样了？"丁宁一向帮经理办事，明白对方的意思，就直接代替经理处理了。

经理出差回来后，丁宁得意洋洋地向他报告了这件事，原以为会受到他的表扬，结果经理却大发雷霆。

原来，经理出差就是特地去跟另一家供应商谈合作，如果谈成，

便打算换掉原来这家。这件事一直在秘密进行中，丁宁这么自以为是地帮经理处理了事情，打破了经理的计划。

无论你身处何职，无论领导对你多么信任，擅作主张都是职场大忌。每个人都要清楚自己的位置，不该说话的时候不说，不该做主的时候不做，这才是职场的规则。

也许，我们在向领导征求意见后，心中并不完全认同领导的决策，但这并不能成为我们自作主张的理由。特别是在重要的事情上，征寻领导的意见是一个必不可少的环节，这代表着我们的工作态度，表明我们在任何情况下都遵守职场的规则，也维护领导的权威。

在做重大决定时，我们不仅要向领导请示，还要为领导做决策提供准确的信息以及可参考的意见，帮助领导做出合理的决定。

刘为年轻有为、活泼开朗，入行后很快成为单位里的主力干将。几天前，新领导走马上任，刚刚开始主持大局，就把刘为叫了过去："小刘，你经验丰富，能力又强，这里有个新项目，你就多费心盯一盯吧！"

受到新领导的重用，刘为心情欢畅，备感鼓舞。恰好这几天，部门要派人去南京谈判，刘为心想，一行十几个人，坐火车时间长，人也太累，恐怕会影响谈判效果；打车去的话，一辆小车坐不下，两辆小车的费用又太高，还是包一辆中型大巴车比较好，又实惠又快捷。

主意定了，刘为便来到领导面前。

"领导，您看，去南京谈判的事……"刘为把几种方案详细解释并分析了利弊，接着说，"所以呢，我决定包一辆车去！"汇报完毕，刘为发现领导的脸色不大好看。领导生硬地反问："是吗？"刘为愣住了，他不明白，一个如此合情合理的建议为什么会遭到质疑。

　　在领导面前，说"我决定如何如何"这是非常不好的，哪怕你的建议是有道理的，也要注意措辞。其实，刘为的建议是合理的，但他只需将几项可选方案提供给领导即可，最多说一下自己的建议，但不该替领导做决定。比如，改成"您看，包一辆车怎么样？"这么说就把决定权留给了领导，领导心里会更舒服。

　　因此，作为员工，永远要按照规则办事，任何时候不要擅作主张，而是把做决定的权力留给领导。

站在领导的角度思考问题，你会收获更多

前英特尔CEO安迪·葛洛夫在应邀到加州大学伯克利分校做演讲时，曾对在座的毕业生提出了以下建议："不管你在哪里工作，都别把自己只是当成员工，而是应该把公司看作是自己开的一样。"

在一个公司里面，员工要想做出突出的成就，并且得到上司的赏识，就得多动动脑筋，学会站在领导的角度思考问题。只有当我们站在领导的角度，放宽视野来纵观大局时，才能产生更贴合领导心意的想法，从而提高自己的思考能力。

高齐是经济管理系毕业的，毕业后来到一家化妆品公司担任董事长助理。当他与前任助理交接的时候，那人告诉他，这份工作的任务就是收发公文、做会议记录、安排董事长的行程，说白了就是打杂，没有任何意义，更和经济管理挨不上边。

高齐将信将疑地开始了自己的工作，渐渐发现，工作情况果然和那个人所说的一样，每天就是做一些很琐碎的工作。但是，高齐不认为这些工作是没有意义的。在他看来，他所做的工作对于公司来说非常重要。因为他总是站在领导的角度看待每一件事情，比如做会议记录，这项工作的意义在于能够更好地发现公司存在哪些问题，明确每项工作的权责等。

并且，高齐每天都能够接触到决策性文件，这些文件都关系到

公司的发展，而且从这些文件中，他可以学习到很多经营管理的要点，这对他的能力提升非常有帮助。因此，他总是一丝不苟地完成每一项工作。

三年后，高齐已经是这家公司的总经理。

只要我们细心观察就会发现，职场上，有很多工作，从领导的角度和员工的角度来看是不一样的。有时候，那些在员工看来枯燥乏味、没有意义的工作，对于领导来说却可能是非常重要的。假如我们具备领导的眼光和头脑，就能在这些看似枯燥的工作中找到其真正的价值，从而调动更强的工作积极性，工作质量和效率也会大大提高。

世界著名的IBM公司曾要求每一名员工都树立起一种态度——我就是公司的主人。站在主人翁的角度思考问题后，员工们都保持着高度的工作热情，非常主动地与高级管理人员接触，与上级保持有效的沟通，对所从事的工作更是积极主动。可见，一旦学会了站在领导的角度思考问题，我们就会主动对自己的工作态度、工作方法以及工作业绩提出更高的要求，近而做出更大的成绩。

大学毕业的李亮刚刚入职时，只是一名普通的业务员。他工作热情认真，也很有想法。

一次，他有一项业务谈得不大顺利，客户不能接受他的报价，拒绝与他合作。他将情况反馈给领导之后，领导让他适当降低报价，哪怕不获利，先要争取把业务谈下来。但李亮觉得，不获利，那签下订单的意义是什么呢？他没有听从领导的建议，业务也就没有谈下来。

当他再次向领导汇报情况的时候，领导才知道他没有降低报价，于是对他说："小李，降低报价，我们损失的只是这一笔订单的利润，但如果能长期合作，在其他业务上，利润还是可以找回来的啊。"

李亮这才发现自己与领导的差距，也是从这一天开始，他学会了站在领导的角度考虑问题，并且经常向领导请教，提高自己的认知。

工作中，当领导发出一项指令时，不要仅仅站在自己的角度去评判指令的对错。相反，要先把自己想象成领导，试想："如果我是领导，在同样的情况下，遇到这样的问题，我的首要目的是什么，我该怎么办？"然后，再反过来思考一下领导发出的指令："领导为什么会这么做，他做出这个决定的目的是什么？"

尤其是当我们进入一家新公司后，可以像了解客户一样去了解领导，在某些事情上，了解领导的看法是怎样的，了解他做法的背后原因。当我们了解并适应了领导的思维方式后，才能近一步提升自己，在思维上与领导达成默契。

如果我们能够站在领导的角度思考问题，工作定然会越做越出色，而且也更容易赢得领导的欣赏。

第九章

与领导相处，

常见问题

怎么处理

被领导冤枉，不同情况有不同的处理方法

工作中，被领导冤枉的情况在所难免。直接对怒气冲冲的领导加以反驳，担心伤了领导的颜面；一言不发，默默承受冤枉，心里又会很不是滋味。那么，面对领导的冤枉，怎么做才合适呢？

首先，被人冤枉时，出言解释是人的本能，这无可厚非。然而，如果你希望自己能够从众多优秀员工中脱颖而出，则最好能有更突出的表现。

在分析该如何应对之前，先要搞清楚怎么界定自己是否被领导冤枉了。

很多人认为，一件事情，只有自己完完全全做错了，这才叫犯错。但是，在领导看来，哪怕事情做对了一半，做错了一半，这也叫犯错。甚至只是错了一点点，都有可能被判定为做错了。

比如，领导派你去机场接客户，但由于某种原因，客户迟到了，最后，你没有按时把客户接回来。在你看来，这件事不是你的错，然而，在领导看来，你依然存在一定程度的错误。第一，你没有提前预想到客户迟到的可能性，没有为此预留出一定的时间。第二，在发现客户迟到后，你没有及时通知领导，更没有立刻提出应对方案。当领导为这件事责怪你时，你认为领导冤枉了你，但是，冤枉与否，取决于站在何种角度看待此事。

所以，当你认为自己被领导冤枉时，先反思一下，想一想自己

是否真的有做得不够周全的地方。

当你经过反思，判定自己真的是被领导冤枉了，又该如何处理呢？这还要细分三种情况来谈。

第一种情况，在小事上被领导冤枉。

郭庆林所在的公司，每天早上九点开始上班。这天，他八点半就到了公司。刚到公司，副总急着找人帮他外出办事，于是郭庆林就应下了这项差事。忙到九点十分，他才终于回到公司，一进门，就看到部门经理站在门口。经理见到郭庆林，开口就训斥他："小郭，你怎么回事？你看看现在几点了？迟到了十分钟！是不是不想干了？"

面对经理的训斥，郭庆林满心委屈，他本想开口辩驳，但经理的嗓门越来越高，他根本没有开口的机会，只好暂且忍耐。

过了一会儿，经理训累了，郭庆林跑到茶水间，帮经理倒了一杯茶，说道："经理，您喝口茶润润嗓子，别为了我的事气坏了身子。"

经理看到他笑嘻嘻地端茶水过来，气立马就消了一半。

郭庆林回到座位开始工作，这才听说是同事小张犯了错，导致公司损失了一大笔钱，经理的心情才会那么差。他当即就庆幸自己没有开口辩驳，而是让经理将负面情绪释放了出来。

当我们在一些不涉及公司利益的小事上被冤枉时，先不要急着辩驳。比起洗清冤屈，更重要的是搞清楚领导发脾气的原因。

要知道，当领导为一件很小的事情发了很大的脾气时，这是很不合常理的。作为下属，首先要细想一下，这是为什么。这背后的原因有很多，也许是像上面谈到的情况一样，领导当时心情不好，恰巧被你赶上了；也有可能是你最近的表现不太好，领导借题发挥，想敲打敲打你；还有可能是领导真的冤枉了你。搞清楚领导发火的真实原因，如果这原因与自己有关，再针对性地解决，如果这原因与自己无关，不妨就此作罢，不必在意。

有人可能会担心，被领导冤枉了却不解释，会不会影响自己的前途？说实话，有类似担心的人，往往是职场中能力稍差的人。能力强的人，不会为这点小事担忧，只有能力稍差的人，平时就犯错不断，没有犯错却又被领导冤枉了，这不是雪上加霜吗？但是，越是平时工作能力差的人，面对领导的冤枉，越是不能轻易反驳，特别是领导正在发脾气的时候。一旦反驳，只能进一步激怒领导的情绪，领导很可能会罗列出你过去所犯的种种错误，如此一来，只能闹得自己哑口无言。能力不足的人，首先要将精力放在提升自身能力上，面对领导的小冤枉，不必太过在意，等到有一天自己的能力提升了，领导自然不会有什么错事都第一个来误会你了。

第二种情况，在不大不小的事情上被冤枉。

领导让李倩和刘文一起去做市场调查，两人自行分工，李倩负责对大学生进行调查，刘文负责对职场白领进行调查。调查结束后，两人将结果汇总到一起，交给了领导。

领导看后，发现对职场白领的调查结果中漏掉了一项，于是把李倩叫过来，开口便说："李倩，你是怎么做事情的？调查做成这样，有什么意义？跟你说过多少次了，做事要用心，怎么就是不听呢？平时就总是犯错，今天这件事那么重要……"

李倩看了看领导手里的材料，发现他说的是关于职场白领的调查结果，当即打断了领导的话："领导，这不是我做的，这是刘文做的。"

领导听后，愣了一下，然后叫她出去了。

在这种不大不小的事情上被领导冤枉，想要做到抑制住情绪，不进行反驳是很难的。然而，要想在领导心中为自己加分，先要学会分析领导的心意。上面的例子中，从领导训斥李倩的话中，很容易听出，李倩平时就经常犯错，所以领导看到不够完善的调查问卷，首先就认为是李倩做的。这个时候，作为经常犯错的下属，就应该意识到，领导批评的不仅仅是这一次的错误，而是自己一直以来的表现。因此，可以先就自己经常犯错的事情进行道歉，如果实在抑制不住内心的委屈，可以委婉地向领导说明真实情况，但要把重点落在自己一定会提高工作能力上，避免让领导感到尴尬。

第三种情况，在大事上被冤枉。

公司的一项重要活动方案没有执行好，因此丢掉了一笔大单。总监误以为这个方案是张子谦负责的，对他进行了严厉地批评："小张，你不知道问题的严重性吗？怎么能犯如此低级的错误！你平时的水平不是这样啊，这次是怎么了？"

面对总监的怒火，张子谦没有急着为自己辩驳，而是先向总监道歉："总监，实在对不起，公司错失了这么大一笔订单，真是可惜。您先消消气，我肯定抓紧想办法，争取能弥补损失。不过，总监，是这样，这件事呢，是我做得不好，我没有对您实时汇报，导您可能有些小误会。这个方案呢，不是我做的，是小赵做的。您看，都怪我没对您汇报清楚，我的工作没做到位。您喝口茶，消消火，我们做下属的，一定努力，争取以后不犯这样的错误。"

领导听到张子谦的话，知道是自己误会了他，说："哎，小张，你看……"

张子谦立即接过话茬儿："总监，真是，这个方案太可惜了，您也别惋惜了，下次的项目，我们一定努力，争取不再让您失望。"

正如上面的例子，面对大事上的冤枉，我们就有向领导说明实际情况的必要了，但在说明的时候，也要注意方式方法。首先，要稳定领导的情绪，然后，从中找出自己的失误，以自己的失误为出发点进行解释，既说明真实情况，也维护领导的颜面。

面对领导的冤枉，每个人都希望能洗清自己的冤屈。但是，在一些小事或可大可小的事情上，洗清冤屈不是最重要的，最重要的是找到被冤枉的原因，如果自己存在问题，则要针对性地解决问题。但如果是大事上被冤枉，还是要主动说明情况，但说的时候要讲究技巧，注意先疏导领导的情绪，再委婉地说明。

有分歧是正常的，积极面对你与领导的分歧

日常工作中，免不了和领导产生分歧。这时候，是默默接受领导的指令，还是坦率地提出自己的看法？这需要我们根据具体情况进行理性考虑。

毕竟，工作中的分歧是常见的，面对分歧，如果不懂得发表自己的看法，就无法真正获得进步。但是，如果我们不讲究任何方式地与领导进行争执，即使我们的看法没有错，领导最终也认可了我们，但在争执的过程中，难免产生不愉快的情绪，造成不好的影响。

只有积极地面对分歧，并采取合理的方式解决问题，才是对自己负责，对工作负责的表现。

白晴是从事技术鉴定工作的，在近期的一项鉴定任务上，她和领导产生了很大的分歧。

一个星期前，白晴接到这项鉴定工作，但她认为，这个项目过于烦琐，不仅投入大，还很可能得不到预期的效果，根本不值得做。她的领导却对这个项目非常上心，还让本部门的所有人员都参与进来，集体努力，相互配合，争取做出成果。

白晴坚定地认为公司不该在这个项目上投入人力和物力，否则一定会造成巨大的经济损失。所以，对于领导分配的任务，她口头上答应，实际上却没有任何实质行动。领导多次找她询问具体的鉴

定方案，她都用各种各样的借口搪塞了过去，直到领导限定了最后交付方案的时间，她才草草写出一个方案来应付了事。

这个项目如白晴所料，以失败告终，但失败的原因，一部分在于项目本身难度太大，另一部分则在于白晴出具的方案并不合理。

白晴暗自得意。她知道项目不会成功，所以在方案上省略了多项必要流程，为公司省下了一大笔资金。她认为，这是她为公司挽回损失做出的明智之举。

领导为这个项目召开了总结大会，白晴认为这是自己表功的机会，将她在方案上为公司减少损失的情况详细说明。没想到，领导勃然大怒，以她消极怠工为由，将她开除。

原来，领导之所以如此看重这项工作，是因为他认为这项鉴定工作比较特殊，很有可能会有意外发现。即使失败，对其它项目也有很大的参考价值。为此，他还特意向上级批下了一大笔经费。然而，却因白晴未能认真对待工作而失败。

有些人在与领导发生分歧时，会固执己见，默默坚持自己的做法，这是非常不对的。在工作上，我们是执行者，领导才是决策者。作为员工，如果内心不认同领导的决定，可以采取合适的方式表达出来，说不定，这就是我们进步的机会。最不可取的，就是如白晴这样，不认同领导的决策，却也不表明自己的看法，默默我行我素，给公司造成不好的影响。这种自作聪明的行为，实则是对工作不负责的表现。

与领导产生分歧时，需要的是勇敢而及时地阐述自己的观点，更加需要的是认真而理性地倾听领导的观点，深入了解领导做出如此决策的理由，分析我们与领导的分歧之处，找出分歧产生的原因。

如果真的是领导考虑不够周全，想要劝说领导更换决策，也需要站在领导的角度，以迂为直，用请教的口气同领导交谈，用他能接受的方式来说明自己的理由，最好能达到让领导认为"对，我原本也是这样想的"这种效果，这才是最为高明的方式。

早上，李云赶到单位，第一件事就是去到经理的办公室，因为她递交给经理的申请文件已经被拒绝了三次，再不签字，文件就失效了。

她的领导是一位外国人，李云推开门对领导说："早上好，经理，请问我交给您的文件，您签字了吗？"

经理先是瞪着他那双灰蓝色的眼睛茫然了一秒钟，又看了看李云，然后当着她的面，装模作样地把办公桌翻了个遍，最后摊开两手说："李小姐，我从未见过你的文件，不过，难道你不知道我一直不同意你的方案吗？"

李云很镇定地回答："我非常明白您否定这个方案的原因，但我屡次申请这个方案，也有我的理由。经理，我找了您好多次，想好好向您汇报汇报我的想法，再深入听一听您的指导，可是，您真是太忙了，我一直没找到合适的机会。"经理听到她的话，微微一笑，指着对面的椅子，示意她坐下，对她说："不妨谈谈你的理由和想法。"

李云深入阐述了自己的看法，又虚心地向经理请教了很多细节问题。最后，经理认可了她的想法，批准了她的方案。

当我们与领导产生分歧时，即使认定自己的想法是对的，也要以请教的姿态与领导交流，这样，领导才会愿意倾听我们的观点，运气好的话，还有可能给我们提出有价值的建议，帮助我们进步。

工作中，与领导产生分歧是正常的，向领导发表自己的看法时，切忌把这场谈话当成辩论比赛，一定要分出胜负不可。很多时候，工作上的决策很难分出对错，只是我们与领导的立场不同，看问题的角度不同，所以得出的结论会不同。谦虚地提出自己的见解并充分说明理由即可，不要让一时的好胜心影响了自己的发展。

认为领导水平一般，不愿听从他怎么办？

在职场中，如果不能处理好与领导的关系，发展之路可能很难顺利。但是，有一部分人，他们在与领导相处的过程中，总是有一种很难逾越的心理障碍，那就是：不愿意听从于自己的领导。

之所以会有这样的心态，是因为他们在与领导的相处的过程中，认为领导处理问题的水平有限，从而很难产生真心信服的感觉。甚至，在某些问题上，认为自己比领导更优秀，所以更加不愿意听从领导的指挥。

周子明曾经是一所重点大学的学生会主席，他很有才华，也很会处理人际关系。因为学生时期始终表现优秀，难免有些傲气。

初入职场，他遇到了一位刚刚从技术部门提升上来的领导，这位领导缺乏管理经验，尤其是不会处理与下属的关系。

有一次，周子明遇到一个很难解决的问题，他主动找领导请教，领导却很冷漠地对他说："你自己查查资料就会了。"遭到领导的拒绝，他当然不高兴，但他也懂得反思自己的问题，心想："会不会是我请教的问题太简单了？"于是，他遍寻了公司能够查到的资料，然而，还是不大清楚问题该如何解决。

他将自己找到的资料整理了一番，并针对这个问题做出了详细的分析，对于仍然不明确的地方，再次向领导请教。本以为，下了这么一番功夫，领导总能对自己指点一二了，没想到，领导还是一样的态度："自己多查查。"

在后来的工作中，周子明仍遇到过不少难以解决的问题，然而，每次向领导请教，都没有得到过正面回答。

时间长了，他常常向别人抱怨，说自己的领导水平一般，并且，经常不听从领导的话，暗地里与领导对着干。自然，他的工作热情越来越少，成了部门中业绩最差的员工。

当我们认为领导水平一般，不愿意听从他时，这背后可能存在三种原因。

第一，领导刚刚上任，还不太懂得如何与下属相处。

作为领导，最重要的能力是团队管理能力。有些时候，或许下属的感觉是对的——领导的团队管理能力确实不足。但这可能仅仅是因为领导刚刚上任，还没有类似的管理经验。这时候，如果领导在某件事情上有了疏漏，作为下属，不要在暗地里闹情绪，要理解领导的处境，有耐心与领导共同进步。而且，刚刚上任的领导，对于对自己有帮助的下属，他会心存感激，这也是我们与领导拉近距离的好机会。

第二，在某一方面，领导的水平真的很一般。

认为领导水平一般的人，可能仅仅是发现领导在某一方面水平一般，而自己又非常在意这方面，因此断定领导的水平不够，不愿意听从于他。其实，每个人都不是完美的，也许领导的语言表达能力不强，但他的业务水平高；也许他不够有亲和力，但他处理事情的效率高；也许他的领导能力不够，但他更体恤下属。每个人都有缺点，不要过分放大某一方面，管中窥豹般地否定自己的领导。

第三，大部分人认为领导水平一般，可能只是一种错觉。

可能是领导做得一些事情让我们对他产生了这样的评价，但是，如果真有一天，当我们坐上了领导的位置，可能会发现，自己未必会比领导处理得好多少。因为，我们站在自己的角度观察别人的行为时，很难真正理解别人的处境，从而产生自己比别人强的错觉。如果我们能够设身处地地站在领导的角度思考问题，或许就能理解领导如此处理的深层含义，逐渐转变对领导的看法。

判断领导的水平高不高，不要以自己的感受为标准，因为你的感受可能过于片面。

那有没有判断领导水平的标准呢？有的，就是看你的领导在他的领导那里是否受重视。如果你的领导在他的领导那里很受重视，那就足以说明他的工作能力是不错的。此时，你就不要过分放大领导的不足，而是要转变想法，多看领导的优点。

退一步说，即使你的领导的水平真的不怎么样，作为下属，也要遵守上下级之间的相处规则，要对领导有基本的尊重，时刻维护领导的权威。当你认为自己的能力超过领导时，不要故意给领导难堪，更不要懈怠工作，而是要更加认真地对待工作，争取尽快获得职位的提升，这才是对自己负责的做法。

如何与爱"画饼"的领导相处

当我们听到领导说："大家好好干，按照公司今年定下的计划，我们一起踏踏实实努力，肯定能发展得不错。未来几年，相信大家的能力都会有大幅度提升，升职加薪都不是问题！"这时候，一部分人的情绪会被领导调动起来，能够更加积极地投入到工作当中，但还有一部分人会产生反感心理，认为领导不过是在给下属"画饼"，目的只是为了让下属更加投入的工作而已。

"画饼"这个词来源于成语"画饼充饥"，顾名思义，指的是徒有虚名而无实际好处。在职场上，大多数人认为领导给下属"画饼"是一种不负责任的行为，但实际上，领导"画饼"这件事，也不能一概而论。即使领导把公司未来的发展描述得过于美好，甚至很难实现，这也未必是一件坏事。因为，当我们和公司一起为了共同的目标努力时，虽然不一定会实现最终的目标，但在奋斗的过程中，我们也能提高自己的能力，收获到很多。

从另一方面来看，如果领导都不敢于给员工"画饼"，或者从来不将未来的规划讲给员工听，那只能说明领导对未来没有清晰的规划，这反而需要我们认真思量一下，是否有必要继续跟着这样的领导。

所以，作为下属，面对领导"画饼"，不要一味地有反感心理，而是要有一种甄别能力，甄别自己在领导的带领下，是否真的能够有所收获。

另外，我们也可以思考一下：难道只有领导会"画饼"吗？下属可不可以给领导"画饼"呢？当然可以，下属给领导"画饼"，就是向领导表达自己的工作积极性。

下属给领导"画饼"，要讲究具体的时机和方法。

比如，当你刚刚进入一家公司时，可以这样对领导说："领导，我是个职场新人，很多事情还不懂，但是我想跟着您好好干。以后的工作中，如果我有什么做得不到位的地方，还请您多多提点。"这样，领导就知道了你的积极态度，日后也会对你多加关注。

假如你已经在公司工作了一段时间，工作表现也很好，刚好遇到公司要调整岗位，你希望能够获得职位晋升，可以主动找领导申请。你可以这样说："领导，跟您一起工作也有一段时间了，我感觉自己做得还不错，您也多次表扬过我。以后的工作中，我希望自己能有更大的进步。这次的职位晋升，希望您能考虑考虑我，只要您给我这个机会，我一定好好做，不辜负您的厚爱。"这样，领导就知道了你的想法，如果他刚好看好你，就很可能把这个机会给你。

如果你的工作能力不是很强，一直以来表现一般，该怎么表达你的积极性呢？你可以这么说："领导，我知道，我这个人不大机灵，工作做得不够好。但是，我很忠诚，只要领导不嫌弃，我愿意跟着领导好好干。"表达自己的忠诚，这也是一种态度，能让领导对自己更加安心。

工作能力差一些的员工，也可以适当向领导表达自己的想法。可以这么说："领导，我知道自己的工作做得不够优秀，但是，您别嫌弃我，我还是追求进步的，只是我的进步可能比较慢。只要您愿意给我机会，我肯定好好听您的话，勤勤恳恳地工作。"诚恳的向领导表明自己的态度，领导看到你的积极性，就会愿意给你机会。

不管你的个人能力如何、处于什么阶段，每个人都可以积极地向领导表达自己的想法。对于一些有挑战性的工作，可以勇敢地进行尝试。当然，这需要量力而行。如果你的能力有五分，可以主动争取六分的工作，以锻炼自己。如果你的能力有三分，不要为了获得领导一时的赞许而盲目夸下海口，去争取九分的工作。毕竟，下属的实际水平如何，领导心里也是清楚的。过分夸大自己的能力，只会让领导反感。

另外，我们主动向领导争取机会，是在表明我们的意愿，但领导是否给我们机会，决定权在于他。不要因为担心领导会拒绝自己，就放弃争取的机会；也不要因为领导拒绝了自己，就妄自菲薄，失去前进的动力。有时候，领导拒绝了我们，并不代表我们的争取毫无意义。我们主动为自己争取机会的行为，这本身就具有意义，领导在看到我们的争取时，就已经感受到了我们态度。只是，可能由于其他原因，他无法立刻满足我们的愿望。

最后，当领导答应了我们的请求，将任务交给我们后，我们就要努力做到最好。倘若我们付出了最大的努力，却依然没能做到自己当初承诺的那样，也不要过分担心，因为谁都很难把事情做到完美，犯错也是正常的。这次做不好，下次还有机会。不要因一次做不好，就失去了积极性。

无论领导是否答应我们在工作上的申请，或我们把任务完成得如何，都要保持良好的心态，继续进行日后的工作。

领导"画饼"并不完全是坏事，职场中，不仅要学会甄别领导"画饼"，还要学会给领导"画饼"，主动表达你的工作积极性，为自己争取更多的机会。

自己干的活，领导看不到怎么办？

在职场中，很多人会有这样的担心：自己辛辛苦苦完成的工作，领导看不到怎么办？

为什么会有这种担心呢？深思其根本原因，可能是把自己没有受到领导的重视、没有获得升职加薪的机会，归于领导没有看到自己的付出。

实际上，领导看不到自己的付出，这个问题很可能是不存在的。作为领导，通常情况下，每一位下属的表现都尽在掌握，不大可能不了解你的工作情况。毕竟，每一位领导都希望培养出优秀的员工，所以他一定会认真观察每一位员工的工作情况。你的日常表现，一定是能落进领导眼里的。

当然，领导不可能对下属的任何事情都了如指掌，但是，你平时的表现他一定是知道的。另外，经验丰富的领导，往往不需要过分仔细地盯着下属的表现，他只需要观察下属平时的言谈举止，观察他和同事的关系等等，就能得出一定的判断。

但有些人仍有这样的担心：某项工作确实是自己做的，完成得也很不错，但领导好像故意装作不知情，没有任何反应。这个时候，与其心生不满，不如认真反思一下，领导为什么会有这样的表现？

领导对你的工作成果漠不关心，有一种可能是，他并不是没有看到你的工作，而恰恰相反，领导知道这件事是你做的，但就是不想表达什么。这背后可能有更深层的原因，或许是你的总体表现不佳，引起了领导的不满；或许是你太容易骄傲，领导怕表扬你之后，你会因自我膨胀而影响工作。这个时候，你需要认真反思一下自己，是不是工作做得还不够好，或做得不够多，或哪里还没有达到领导的满意。

其实，即使真的是你做出了某一项贡献而领导没有看到，这也没关系。因为，任何得到领导重视的人，都不是因为只做好了一件事情，这体现在日常工作的方方面面。毕竟，同一个部门的同事之间，能力差距不会特别大。之所以有人受领导重视，而有些人不受领导重视，往往是在日复一日的工作中日积月累造成的结果。获得领导重视的员工，未必比别人强出太多，可能只是每件事情比别人做得好一点点，时间久了，领导就会对他产生更好的印象。

所以，来日方长，只要认真工作，迟早有一天，领导能够看到你的努力。

方佳是一家服装公司的业务员，她平时工作很努力，领导却对她不是特别重视。

工作两年，周围的同事有的涨了工资，有的升了职，只有她，一切都没有任何变化。

她忍不住怀疑，会不会领导根本不知道她这两年来的付出？如果是这样，继续在这家公司做下去，恐怕自己也没有什么前途，因此向领导提出离职。

没想到，领导却和她深入交谈了起来。交流中，她将两年来的工作向领导汇报了一番，领导听后，非但没有在她的辞职报告上签字，反而提出给她涨薪。

　　方佳欣喜地接受了领导的好意，心想："果然，领导根本不知道我这两年都做了什么。早知如此，早向领导说明就好了。"

　　其实，领导未必是不知道方佳在工作上的付出，相反，恰恰是知道她平时的表现，才会在她提出辞职的时候进行挽留。如果领导真的全然不了解她的工作表现，自然不会仅仅听信她自己的说法就痛快地为她加薪。

　　反过来想，什么样的人容易觉得领导看不到自己的付出呢？往往是能力比较一般的人。他们平时的表现不怎么样，偶尔做出一项成绩，就希望能让领导知道。要明白，领导不会因为下属仅仅做好一件事就重用他，想要得到领导的重视，需要把每一项工作都完成得漂亮。偶尔做好一件事，这不代表什么，即使领导真的没看到，那以后继续努力就好。

　　当然，如果真的非常想要让领导知道自己的工作成果，在向领导表达时，也要注意说话的方式。可以适当说明自己的工作成果，但不要过分强调，并且要把重点放在日后的工作目标上，要向领导表达你会继续努力的态度。

　　事实上，想要获得领导的重视，与其把功夫花在后面，倒不如把功夫做到前面。平时，有什么重要的工作，可以主动向领导申请，向领导表达你希望接受挑战的心情。工作做好了，领导自然知道你的功劳，而且，也会看到你积极的态度。

　　在大多数情况下，认为领导看不到自己的工作成果，这是个伪命题。与其每天焦虑于领导看不到你的付出，不如踏踏实实把每一项工作做到实处。

面对领导交代的任务，至少要比他要求的做得多

作为下属，想要在向领导汇报工作时给领导留下好印象，要注意什么呢？

在得到答案之前，可以先细想一下，是不是大多数人都喜欢别人替自己把麻烦的事情处理好？出去吃饭，最好不需要费心点菜，桌上就已经摆满了自己喜欢吃的菜；出去旅行，不需要精心做攻略，已经有人把行程安排妥帖。同样，作为领导，往往喜欢下属已经把事情安排好，而不是在很多琐碎的事情上还要亲力亲为。

所以，我们在向领导汇报工作前，可以预想一下，领导想听到的是什么，希望我们解决的问题是什么，并针对这些问题，核查自己有没有做到位。

冯源是公司的一名行政专员，领导给他下达了任务，让他安排好周四去机场接李总的事宜。

周四当天，领导问："小冯，今天李总几点到？"

冯源回答："下午三点半，我会准时去接的。"

领导又问："那住宿的事情安排好了吗？"

冯源回答："领导，您之前没说让我安排住宿啊。"

领导有些不悦，但依然耐着性子问："那，晚餐安排好了吗？"

冯源更是一副事不关己的样子："晚餐……也没让我安排啊。"

领导继续问："李总一行几个人？问过没有？"

"这……不知道啊。"

"那李总预计在这里待几天，知道吗？"

"也……也不知道。"

领导看起来非常生气，冯源却小声嘟囔："明明没让我做啊，为什么来问我？"

当我们汇报工作时，一旦遇到类似冯源这样被领导问住的情况，就证明我们的工作没有做到位。领导给我们安排一项任务，我们需要周全地考虑到任务的方方面面，至少要比他表面上要求的做得多。我们只有保证将方方面面都考虑到并落实好，才能在汇报时给领导留下好印象。

领导急需一份材料，派左明去资料处取，但资料处的人以左明带来的证件不全为由，拒绝将材料交给他。

左明回到领导办公室，对领导说："领导，这个事办不成，咱们证件不全，取不出来。"

领导反问："那怎么办？"

左明摇摇头："没办法，只能不取了呗。"

领导非常气愤，立即叫来了左明的同事张成，让他去办。

结果，张成跑到资料处，细细打听还缺少哪些证件，并详细询问是否有可替代的证件。问清楚之后，又积极地办理新的证件，终于将材料取回。

处理工作时，一定要多想一想，我们有没有做到足够的努力，事情是不是已经做到足够好，还有没有提升的空间。如果事情还能更好，那就证明我们还能付出更多的努力。

面对领导交代的任务，至少做到比他要求的多，这样才更容易获得领导的青睐。当然，想要把工作做得更好，就意味着会遇到更多的困难。这时候，主动向领导求助，领导也会更加愿意帮助你。

第十章

如何与

不同性格的

领导相处

碰到脾气暴躁的领导，如何应对？

当你做错事的时候，你的直属领导会对你发火吗？当你无法按时交付任务的时候，你的直属领导会暴跳如雷吗？当你为自己的正当权益而主动争取时，你的直属领导会马上翻脸吗？如果这几个问题的答案都是"是"，那你就要当心了，因为你可能遇到了一位脾性暴躁的领导。

可能很多人会说，遇到脾气火爆的领导，大不了就辞职嘛。但是，你能保证下一任领导的脾气就符合你的预期吗？毕竟，一般情况下，我们无法自主选择领导。学会适应不同性格的领导，是每一个人的职业生涯中必须学会的事情。而真正的职场高手，是可以自如应对任何性格的领导的。

有一天，一位销售部经理在电话里气呼呼地将他的下属叫到办公室。"林枫，你最近的销售业绩怎么这么差呢？上个月跟丢了一个大单，前两天还有好多客户退货，你看看卫东，刚进公司三个月，业绩就名列本月榜首。这样下去，你这个销售冠军还能维持多久？"林枫正准备解释，销售经理却把一叠厚厚的报表狠狠地扔在了他的面前。

"经理，我想说说原因……"林枫本想为自己申辩，经理却很不耐烦地说："你什么都别说了，回去反省反省吧。再给你一个月的时间，如果下个月你不能把业绩提升起来，我就要扣你的年终奖金了。出去吧，你先出去吧。"

林枫忍着满肚子的委屈走出了经理办公室，他心里越想越窝火。进公司以来，他一直任劳任怨地开发新客户，维护老客户，不仅使公司的市场占有率大幅提升，而且还大大降低了客户投诉率。

这个月，经理派他去开发新市场，虽然目前的客户不多，但数量却在稳步提升着。由于本月总公司发货不及时，致使很多顾客取消了订单，这才导致他的业绩不佳。而卫东负责的是原有的老市场，客户资源稳定充足，客户关系坚固牢靠，形势大好，业绩自然优异。

林枫认为经理只看表面数字，不问事实，心里非常委屈。

身为下属，遭到领导的严厉训斥后，当然可以选择辞职，一走了之，但在下一份工作中，无法确保不会遇到类似的问题。因此，逃避不能真正解决问题。

其实，职场中的谁是谁非并没有我们想象的那么重要，无论面对什么情况，我们的首要目的永远是尽快解决问题，而不是和领导争执出对错高下。

脾气暴躁的领导虽然容易让人反感，但只要找准方法，还是可以很好地应对的。

首先，学会泰然处之。

当领导向我们发怒时，我们的第一反应就是该保持冷静。因为当一个人正在气头上时，无论怎样解释都是在做无用功。的确，领导可能会因为冲动，没有搞清楚状况就发了脾气，但是，用失去一份工作为代价去获得一时的痛快，这值得吗？显然，保持冷静、泰然处之的态度才是最合适的选择。

其次，学会为领导搭台阶。

脾气暴躁的领导往往表现欲很强，而且易冲动。如果有一天，你犯了严重的错误而遭到他出言攻击，甚至受到大伤自尊心的指责，也要等领导把话说完后，先承认自己的过失。等领导的情绪稳定下来，再给出你的补救方案。长此以来，领导就会感觉到你是一个虚心上进的人。

最后，学会以迂为直。

领导当然不是我们的敌人，但应付这种脾气暴躁的领导，以迂为直无疑是最有效的战略。当我们被领导批评时，无论你是对是错，千万不要与他当面冲撞，你当时的解释和分辩只能使双方的关系进一步恶化。而且，身为下属，你的顶撞会让他认为自己的威信受到挑战，更不利于问题的解决。

当我们踏入职场后，如果不幸碰上脾气暴躁的领导，千万不要忙于感叹自己运气不好，而是要学会与他相处的技巧。掌握以上的方法，如果处理得好，说不定会将这种不好的事情转变成你的发展机会。毕竟，脾气暴躁的领导也是有长处的，包容他的缺点，才能在他的长处上获益。

怎样与控制欲强的领导和谐相处

　　安排下属的工作是领导分内的事情，但是，如若对下属的工作凡事都要"插一脚"，几乎每件事都要求下属随时汇报进展，这种领导可能就属于控制欲强的领导。当然，控制欲强的领导也有优点，那便是对工作中的每一件事都能亲力亲为，但这同样是一个缺点，因为当他们被堆积如山的文件压得喘不过气来的时候，作为下属，你的工作也一定不会轻松。

　　那么，我们该如何与控制欲强的领导相处呢？

　　黄莎莎大学毕业之后在一家外贸公司工作，几年之后，她的薪水有了一定的提高，但是不甘止步于此的黄莎莎毅然辞职，跳槽到了另外一家更有发展前景的公司。

　　在这家公司里，她是一名主管，工作压力自然增大，但能干的黄莎莎并不以为意，认为这是自己提高能力的好机会。她的直属领导李总对她也很是欣赏，经常把重要的任务交给她，并对她报有很高的期待。李总做事非常认真，对黄莎莎的工作也是步步紧跟，不仅规定她完成每项任务的具体时间，还要求她将每项工作中的细枝末节都向他汇报。

　　从黄莎莎跳槽到这家公司的那天开始，她就一直处在绷紧状态，每天除了工作就是汇报工作，连休息的时间都被工作占据。尽管这样，李总还是经常给她提要求，认为她在工作上的汇报不够详细。终于，黄莎莎实在忍受不住，愤然提出辞职。

作为下属，服从领导是应该遵守的职场规范，我们没有权利完全按照自己的工作方式来开展工作，但是，当遇到控制欲极强的领导时，每一位下属都会感到不舒服，这也很正常。

美国的艾伯特·J·伯恩斯坦博士从事临床心理学研究已有35年，他曾经建议员工们在面对控制欲强的领导时，可以尝试以下措施：

1.不要在领导面前表现出你的不快

当领导和你正面交谈时，哪怕他的控制欲让你很不舒服，也不要将负面情绪写在脸上，更不要指望你可以仅仅通过谈话交流而让一位控制欲强的人改变他的管理方式。要知道，即使是经验丰富的心理治疗专家，要想让一个有控制欲的人相信他们的行为，也是非常困难的。

2.试着让上司安心，而不是揭他的短。

当领导对你提出要求时，要摆出认真的姿态来，详细地做笔记。这样做有两个好处：首先，当他看到你对待他的态度如此认真时，他就不会过于担心你犯错，也就不会过于频繁地来掌控你的工作；其次，通过笔记，你可以整理出一个明确的工作计划，当领导试图控制后面的工作进程时，你可以把这些笔记拿出来，承诺会严格按照计划实施，他就会变得安心。

3.主动报告你的工作进展。

对于控制欲强的领导来说，他最害怕的莫过于事情失去控制。最能缓解他这种担忧的行为，就是主动报告你的工作进展。并且，这还可以让他感受到，你是和他一样在认真对待这项工作的。

4.再接再厉。

和控制欲强的领导相处，要有耐心，反复运用以上这些措施，慢慢的，领导会对你越来越放心，对你的控制也就会逐渐变少。

其实，任何事情都有两面性，控制欲强的领导固然会带给你一定的不适感，但从另一个角度来讲，领导对我们工作上事无巨细的关心，也是他对工作认真负责的表现。我们不妨主动地去适应他的工作节奏，并适当将他的要求当作衡量自己工作完成情况的标准，以此来给自己提出更高的要求。这样，不仅能让领导满意，还能达到提升自己的效果。有了这样严格的训练，以后再遇到任何性格的领导，应该都很容易应对了。

总之，当你对领导的控制欲感到不满时，不要与他正面对抗，而是了解他控制欲强的原因，顺从他的心意。接下来，有意识地训练自己养成主动汇报工作的习惯，长此以来，领导就会对你的工作能力和工作效率产生信任感，渐渐减少对你的控制。

如果你的领导是鸡蛋里挑骨头的完美主义者

在工作中，我们难免会遇到这样的领导：他们对待下属不仅严厉，而且还异常挑剔，甚至达到了鸡蛋里挑骨头的程度。面对这样的领导，很多人无法适应，感觉自己就像是生活在高压之中，喘不过气来。

其实，喜欢鸡蛋里挑骨头的领导，大多数是完美主义者。他之所以会亲自监督你的工作进程，甚至如此苛刻地要求你，正是因为他看重你的工作能力，希望你能做得更加完美。所以，当我们面对这样的领导时，首先要为领导认可自己感到高兴，同时将领导的批评转化为自己前进的动力。

周惠工作五年后跳槽到了一家外贸公司做主管。经过一段时间的工作之后，她慢慢发觉自己的领导是一个非常细心而又待人严格的人。

周惠一人身兼策划、市场推广、项目管理、销售等数职，每一项工作，领导都会提出很高的要求，这导致她每天就像是上紧了发条的钟，一刻不得闲。尽管自己的工作做得非常认真，但还是经常被领导挑出错误，而且大多数都是一些非常细微的小错误。

周惠终于忍受不了，她对领导说："您每天给我这么多的任务，还总是给我提出那么多苛刻的理由。我实在是应付不过来，现在我就辞职，我不干了。"然后，周惠气呼呼地走出了办公室。

销售经理小王听说周惠辞职后，十分惊讶，因为上次的销售会议上，大家正在讨论刚刚空出的市场部经理的职位由谁来担任，而周惠是几个候选人之一。在会议上，周惠的领导还极力推荐了她，夸奖她工作认真负责，足以担当这个职位。

英国人玛丽·理查德斯在名为《缓解紧张》的小册子中说，要在组织中营造一个低紧张度的文化，有一条是谈论它，让人们接受它而不是忌讳它。当我们经常在工作的细微处受到领导的批评时，同样应该静下心来，好好找一下原因，把这种压力慢慢化解开，而不是逃避问题。

当我们觉得自己的领导不近人情且在工作方面太过追求完美而要求苛刻的时候，有可能是因为我们没有理解到领导的真正意图。其实，很多领导之所以会力求完美，是因为他们希望能够帮助下属做到更出色。当然，从另一个角度来看，也可能是因为领导自己处在高度压力下，不自觉地将自己无法及时释放的紧张情绪传递给了下属。

那么，在工作中，我们该如何与完美主义的领导进行更好的配合呢？

1.在与完美主义的领导进行面对面沟通时，一定要保持着严肃而认真的态度，因为当他们挑剔你的错误时，如果你的思路跟不上，很容易引起他的不满，相反，如果你能立刻领会领导的意思，即便领导在挑剔你的错误，也会对你增加好感。

2.事先就做好基础性工作。例如，针对领导可能提到的问题，事先做好充分细致的准备，保证在与领导进行交流时能做到胸有成竹，而不至于处于手忙脚乱的被动地位。另外，针对这些问题，多准备几套可行方案供领导选择。即使你的方案并不完善，或可行性不够，领导也能看到你的认真态度，会更加相信你的潜在能力。

3.适时表现出一些幽默。当你感觉领导对你的工作过于挑剔时，不妨在事情谈完后，适当展现一点小幽默，缓解一下紧张的气氛，帮助自己也帮助领导从紧张的情绪中脱离出来。

4.学会挑选时机。人非圣贤，每个人都有状态不好的时候，尤其是完美型领导，心情不好时更容易对下属的工作进行挑剔。当你有需要汇报的工作时，尽量避开领导心情不好的时候，以免承受更多因对方挑剔而产生的压力。

身处职场，就应该要懂得职场的规则。试着去把领导的每一项指令当作是打开成功大门的钥匙，用心应对。这样，当我们遇到很苛刻的领导时，才能正面迎接压力，用积极的心态面对挑战，进而迎接进步。

如何与比你逊色的领导相处

每一位职场人都希望自己能够有一个能力过人、善解人意的好领导，因为这样的领导能给下属充分的理解和支持，也能帮助下属更快地提升自己。但是，如若不巧，你刚好遇到了一位能力比你逊色的领导，这时你该怎样与他更好地相处呢？

曾经流行过这样一句话："不管你是名校的土博士，还是镀了金的洋博士，你有天大的本事，还不都是给我这个什么也不'士'的打工"。这句话调侃的就是高学历的人给低学历的人打工。

虽然职场中大多数领导的综合素质都比下属优秀，然而，难免会有些领导能力确实不如下属。工作能力较强的下属，面对比自己逊色的领导时，尽管能够把工作做到十分到位，可能也会因为领导的不专业而受到打压或批评。所以，当我们面对比自己逊色的领导时，一定要格外小心，学会适当地周旋。

通常情况下，我们可以这样做：

第一，端正自己的态度，坚决不越位。

面对工作能力不如自己的领导时，下属最容易犯下的错误便是越位。要知道，在工作场合中喧宾夺主，尤其是当着大家的面抢领导的风头，就相当于将领导陷入尴尬的处境。任何一位领导都多少会对这样的下属心怀不满，更不会愿意长久的把他留在自己手下。所以，适当收敛自己的锋芒，用谦虚和谨慎的态度来博得领导的信任和赏识，才能消除领导的戒心。比如，在工作总结会议上，即便自己就某项业务分析得十分透彻，也要适当给领导留出指导空间。

第二，对于工作中的问题，区分对待。

有些领导，他们在某一方面并不专业，但为了维护自己的权威，总想在下属面前显示自己的卓越，装作一副什么都懂、什么都内行的样子，任何事情都想干预一下，导致给出错误的指导。

针对如此情况，我们就要学会区分对待。面对一些无关紧要的小问题，可以灵活应对。但若是重要的、涉及原则性的问题，则不能任由领导做出不合理的指导，而要动用自己的智慧，引导领导做出正确的决定。

虽说要反对领导的意见，但也不要与领导发生正面冲突，否则会引起领导的负面情绪，不但无法解决问题，还可能产生不必要的矛盾。面对领导不明智、不专业的一面时，要巧妙掩饰领导的错误，委婉地指出领导决策中的不合理之处，并进行适当说明。然后，再给出几点合理的建议，重点是请领导定夺。这样，既维护了领导的颜面，又解决了问题。

第三，面对领导工作上的失误，灵活应对。

领导对于自己不专业的领域，难免会出现判断失误，甚至会做出令人啼笑皆非的事情，惹得下属们无所适从。比如，在不能完全理解上级基本精神的前提下，发表不正确的观点；在没有认识到问题的本质的情况下，任意对下属提出不合理的要求；对工作的重要性把握不清，将重要的工作丢诸脑后。

对于领导在工作中的类似失误，我们要视事情的具体情况区别对待。如果不是特别重要的事情，看出领导的失误后，不要秘而不宣，可以当作玩笑般指出其不当；如果是非常重要的事情，可以做出必要的解释，当然不能太急躁，如果流露出指责领导的意思，领导很容易产生负面情绪，甚至对你的话置若罔闻，影响到工作。

第四，学会在领导的身上寻找闪光点。

其实，每一位领导身上都有闪光点。如果我们总是将自己的眼光放到领导的不足上，尤其是在还没有完全理解领导之前便产生不满情绪，与领导正面冲突，那么就只能给领导留下不好的印象。所以，不要总是将自己的眼光停留在领导的弱点之上。俗话说得好，尺有所短，寸有所长。或许领导在某些方面不如你的能力强，但在其他方面，他也有擅长的事情。

当遇到在某方面比自己逊色的领导时，虽然不必做到唯领导之命是从，但是作为下属，也应该有对领导最基本的尊重。所以，要尽量提高自己的适应能力，尽可能地适应领导的风格。

怎样对待自以为是的领导

有些有着过人能力的领导，他们对于工作中的问题常常有属于自己的看法，当他们提出的建议被采用时，很容易产生骄傲心理。这种傲气持续开来，便容易让他们变得不再愿意听取任何人的意见。慢慢的，他们什么事情都喜欢自己做主，对于工作中任何形式的讨论，在他们看来都只是走过场和形式，最终的决定还是由他们自己来做。

从心理学角度分析，喜欢在下级面前高高在上、自以为是的领导，其内心是缺乏安全感的。通常情况下，他们会有如下的特点：

1.思想：自以为是的领导在对工作问题进行分析和决策时，往往过多地相信自己的判断，很少能听取别人的建议和意见，即使别人的意见是正确的，他们也不愿意承认。而且，即便是经过很多人一起商量、集体推荐出来的方法，他们可能也只是当时会表示采用，事后还是会重新坚持自己的想法。

2.行动：自以为是的领导通常在工作中表现得有些雷厉风行。他们决定做一件事时，很少事先通知别人，总是想到哪里就做到哪里。所以，他们很容易在工作进度上与其他人步调不统一。

3.结果：自以为是的领导，他们的处事风格当然也有利于工作的一方面，偶尔也能给团队成员带来惊喜，但由于其思想上的任意性和行动上的随意性，更多的是给别人带来意料之外的困扰。

那么，在工作中，当我们遇到自以为是的领导时，应该如何应对呢？

1.尊重和重视他们。

任何类型的领导，都有其长处。虽然自以为是的领导有这样那样的缺点，会因此引起工作中各种各样的麻烦，但他们却也是善于思考，而且有独特见解的人。所以，我们要对他们保持基本的尊重，全面地认识和分析他们思考问题的方式，学习他们主动思考的长处。

2.不被情绪左右

有的人和领导有了矛盾，不是积极采取行动解决问题，而是带着抱怨的情绪工作，直到忍无可忍的时候才爆发，最终的结果就是在和领导大吵一架之后辞职走人。这样的做法显然不是最优解，尤其是面对狂妄自大的领导，尽管他们的处事方式容易让下属感到不舒服，但与领导和睦相处，还是职场生存的基本之道。不被情绪所左右，理性对待面临的问题，用心找到你与领导之间最和谐的相处方式，才是最好的处理方法。

任何一种类型的领导都有他们的优点和缺点，只要我们能够采用合理的方式与领导相处，必然能解决这些问题。

第十一章

与同事处好关系，建立稳固的群众基础

与同事关系普遍不好，只与领导关系好也没用

在职场中，很多人特别在意自己与领导的关系，觉得只要与领导处好关系，就一定能驰骋职场，实现升职加薪的目标。其实，想要在职场中获得更好的发展，只处理好与领导的关系是不够的，还要将自己与同事的关系经营好。

我们甚至可以下这样的结论：不重视与同事关系的人，很难获得职位的晋升。我们都希望自己能够在职场中实现升职加薪的目标，但如果只注重自己与领导的关系，而不在意与同事的关系，有些需要团队协作的工作，对你来说会变得很困难。并且，与同事的关系处理不好，领导也是看在眼里的，这也是评估你综合能力的指标。即使领导很看重你，当有一天，他想要提拔你时，他必然需要考虑大家对你的看法。如果你与同事的关系不好，甚至很差，那么领导会考虑如果提拔你之后，是否会利于部门的安定团结。毕竟，比起你一个人的价值，领导会更看重整个团队的价值。

另外，还有一个必须承认的事实，那就是，和周围同事的关系普遍不好，只与领导关系比较好的人，很可能只是一厢情愿的错觉，并不是真的与领导关系好。或许领导曾夸奖过你，又或许他曾把重要的任务交给你，但很可能，领导这么做只是为了鼓励你继续努力工作，而并不是像你认为的那样，领导和你的关系特别好。

真正能够获得领导青睐的人，一定是能工巧将。而能工巧将的

标志，就是能够在各个方面替领导分忧。他们不仅工作能力强，还能在工作的各个环节上与领导密切配合，同时，也一定是能与同事融洽相处的。

所以，想要驰骋职场，维护好与同事的关系是要素之一。一般来说，能和领导处好关系的人，其实都是有能力与同事处好关系的。如果目前你与同事的关系不太好，那可能只是因为你还没有把这种关系重视起来，没有花心思去经营它。这其实也很容易做到，比如，和同事见面时打个招呼，同事有困难时主动提供帮助，在领导面前多帮同事说好话，同事们发起的聚餐活动积极参加，等等。

如何处理与同事的关系，也要看自身情况。

对于工作能力强且与领导的关系很好的人来说，在处理与同事的关系时，要注意掌握一定的分寸，这个分寸的标准就是领导对你的期待。如果你的领导真心支持你与同事打成一片，那就努力做到最好；如果领导比较忌惮你的才华，那就适当收敛一些，尽量不要在同事心中树立过高的威望。虽然处理好与同事的关系很重要，但这类情况的人，最需要维护的职场关系是与领导的关系，和同事关系的亲近程度，则要取决于领导的态度。

对于工作能力一般且与领导关系也一般的人来说，则要将处理好同事间的关系作为职场人际关系的重点。但同时也一样要掌握分寸，不要让领导认为你在拉拢同事。

对于在工作中表现不太好的人来说，则要优先考虑与领导的关系。因为这类人即使想和同事搞好关系，难度可能也比较大。这很正常，毕竟每个人都希望与能力强的人为伍。

认识到处理好同事关系的重要性，还有一点需要注意，那就是不要走向另一个极端——和同事的关系过分亲近。试想一下，一个工作做得非常出色，与各级领导的关系都不错，在同事中也非常有威望的人，直属领导会如何看他呢？领导很可能会担心，认为你过分出挑，会危及他的地位。就像电视剧《雍正王朝》里的八贤王，他和所有人的关系都处理得太好，结果处处遭人忌惮。

在职场中，无论你是工作能力强的人，还是能力一般的人，或是表现不太好的人，处理好与同事的关系都是必要的，但不同的人有不同的侧重点，也有不同的注意事项，要重点把握自己需要把握的方向，用心维护各方面的人际关系。

与同事处好关系的四大要点

处理好与同事的关系，是建立职场人际关系的基础。因此，想要建立稳固的"群众基础"，还要掌握与同事相处的要点。

第一个要点，保持谦虚的态度。

有些人很优秀，和同事相处时，喜欢炫耀自己的能力，时间久了，容易引起别人的反感。和同事相处，要保持谦虚的态度，即使你能力超群，也要保持低调。事实上，在团队中，无论身处何种位置，都不要过分高调，也不要过于低调，在同事心中有一定存在感，又不至于太过张扬，这样是最容易与同事建立良好关系的。

第二个要点，要积极参加同事间的活动。

比如，午餐时间和同事一起用餐，平时部门内部私下组织的聚餐最好也积极参加，有人请客时也积极捧场。

第三个要点，任何时候不抱怨。

平时和同事进行交流时，遇到是非要远离，尤其是听到有人说别人的坏话时，不要参与，更不要四处宣扬。并且，不主动抱怨同事，不抱怨领导，也不抱怨公司。当关系不错的同事向你抱怨领导不公或同事不好时，适当安慰，但不要和他一起说任何人的坏话。总之，任何时候，都要注意自己的言行。

第四个要点，和大多数人处好关系。

作为普通员工，要尽量和大多数人处理好关系。当然，这并不是说我们要和所有人都维持非常亲密的关系。对于能力突出的同事，最好能处好关系，方便我们向他们学习。另外，脾气相投的、一起入职的、年龄相仿的、家里住得比较近的同事，因为彼此间会有不少共同话题，所以也更容易处理好关系。至于其他同事，如果交集不多，也尽量时常打招呼，给他们留下一个不错的印象。对于存在业务竞争的同事，也不要把关系处得太僵，尽量做到良性竞争，互相促进。

以上是与同事处好关系的四大要点。然而，每个人性格不同，情况也不同，在与同事相处时，需要特别注意的要点也不同。

对于性格很强势或工作能力很强的人来说，和同事相处时，最需要注意的就是保持谦虚的态度，不要炫耀，时刻保持低调。

对于工作能力中上、性格上又喜欢争强好胜的人来说，则要做到任何时候不抱怨。

对于工作能力还需要提高、性格又过于内向的人来说，则要有意识地与大多数人处好关系，尤其是多和业绩好的同事交流，向他们请教工作经验，早日提高自己的业务能力。

姜山是公司业务能力最强的销售，颇受领导赏识。这个月，他的业绩又是第一，拿到了不菲的奖金。

姜山高兴之余，向领导申请说："领导，我这个月的奖金多发了一些，真心感谢领导一直以来的栽培。是这样，最近同事们对我的帮助也很大，趁发了奖金，我想给大家买点水果，您看行吗？"

领导欣然同意后，姜山买来水果分发给大家。分发的时候，他对大家说："这个月，我的奖金多发了一点儿，哈哈，我请大家吃水果。已经跟领导申请过了啊，领导很高兴，鼓励咱们都再接再厉呢。"

同事们一跃而起，领导看了也颇为高兴。

如果你的工作能力比较强，业绩也比较好，想要和同事处理好关系，平时可以多给大家发些小福利。如果是和姜山一样，给整个部门的同事发小福利，则要注意向领导审批，征得领导同意后再进行。

如果你的工作能力一般，可以适当向大家表达一下心意，但不宜太频繁，也不宜范围太大。平时在楼下遇到同事，可以顺便帮同事付早餐钱。出去买下午茶时，也可以顺便帮喜欢吃下午茶的同事带一份。如此偶尔地、小范围的向大家表达一下你的心意即可。

如果是工作能力稍差的人，想要和同事处理好关系，先不必花心思给大家买小礼品，但是可以反其道而行之。当业绩好的同事给大家发小福利时，可以积极参与，主动表达感谢；有人请客吃饭时，积极参加，给别人捧场。

想要处好和同事的关系，就要把握好以上四大要点。同时，针对自己的情况，重点把握其中某一项，用心和同事相处。

与同事处好关系，不意味着全盘满足同事的要求

　　处理好与同事的关系，的确是职场发展的基础。但是，与同事和谐相处，并不意味着要全盘满足同事提出的要求。面对同事的请求，要有选择性地提供帮助，维护彼此间平等的关系，而不是为了迎合同事，一味顺从。

　　马思思是一家小公司的人事专员，她们的办公室里只有两台打印机，一台是大家公用的黑白打印机，一台是放在马思思办公桌上专门供她使用的彩色打印机。

　　同事张姐急需打印几张彩色纸，找到马思思帮忙。她觉得只是举手之劳，很痛快地答应了。后来，张姐发现彩色打印机的打印效果比那台公用的黑白打印机的效果好，所以经常让马思思帮她打印材料。有时候是打印工作相关的报表，有时候是打印张姐的私人资料，比如她女儿的课程资料、儿子的家庭作业等。有时候甚至要打印近百页的材料，已经影响到了马思思的正常工作。

　　有一次，张姐又让马思思帮她打印一份87页的资料，正在打印的过程中，领导让马思思立刻打印一份新员工入职登记表，马思思只好将张姐的打印任务取消，结果，引起了张姐的不满。

　　另有一次，张姐请马思思帮她打印资料，马思思尝试着以耽误工作为由予以拒绝。没想到，张姐却生气了，认为马思思完全可以

利用午休时间或者下班时间帮她打印，拒绝自己纯粹就是不想帮忙，两人闹得很不愉快。

最近，张姐找马思思要一份资料，马思思没有理解清楚张姐要的是哪一份资料，表示自己这里没有，无法拿给她。张姐却说："我真不明白，就问你要一个表格，有必要刁难人吗？"过了一会儿，马思思才想明白张姐要的是什么资料，立即就发给了她，但张姐却没再主动对马思思说过话。

工作中，同事之间相互帮忙是非常正常的现象，如果在自己的能力范围内，大多数情况下，我们是可以并愿意为别人提供帮助的。但是，面对同事经常性地向自己提要求，很多人就会产生反感心理，可是碍于情面，又不好意思拒绝，经常为此烦恼。

其实，我们大可以认真想一下，什么情况下的帮助才是有意义的帮助？

当别人遇到了困难，我们主动伸出援助之手、帮别人解决了困难后，别人会对我们心生感激，我们自己也会在帮助别人的过程中体会到快乐。这才是真正有意义的帮助，是双方都感到有所收获的行为。如果事后仅仅是请求帮助的一方能获得利益，而施以援手的一方却无法获得心灵的满足，那这很可能就不是一种有意义的帮助行为。

那么，面对经常向你提要求的同事，该如何应对呢？

第一种情况，如果经常在小事上麻烦你的是和你能力相当的同事，并且他已经影响到了你的正常工作，那一定要果断地拒绝。就像张姐经常让马思思帮自己打印材料，这其实算不上是在寻求帮助，而是在一味地给别人添麻烦。

从马思思的经历中，我们也可以看出，马思思是碍于同事间的情面才一直坚持帮助张姐，然而，两人最终的关系还是没能维系下去。因此，遇到这样的情况，早些果断拒绝，让别人知道你的底线，之后也就不会轻易用一些细碎的事情来耽误你宝贵的时间了。

第二种情况，如果是工作能力比你强很多的人经常让你帮他跑腿打杂，也无须为了维护和他之间的关系而勉强自己，该拒绝的时候就果断拒绝。有些人可能会担心，自己的能力不如对方，如果贸然拒绝对方，恐怕对自己维护同事间的关系不利。

其实，当一个人仗着自己工作能力强而经常勉强其他同事为自己跑腿时，就证明这个人不懂得如何维护同事间的关系。而作为能力稍有逊色的你，迟早有一天也会厌烦经常被他差使的感觉，与其如此，倒不如不去强求这段关系，果断地拒绝。

第三种情况，如果你的工作能力还不错，而工作能力不如你的同事经常向你请教问题，希望你能予以他一定的帮助，这个时候，你可以适当提供帮助。但是，有一点需要注意，那就是"授人以鱼不如授人以渔"，不要直接替他解决困难，而是帮助他分析困难存在的原因，与他一起寻找解决困难的方法。

维护好与同事之间的关系固然重要，但并不意味着要全盘接受同事的请求。有能力且有意愿主动提供帮助的时候，可以伸出援助之手，该拒绝的时候也要果断拒绝。

如何化解与同事之间的小矛盾

工作中，当我们和周围的同事相处久了，会发现每个人的性格、脾气秉性都会慢慢暴露出来，特别是缺点一旦暴露的多了，便很容易彼此产生不满情绪。当这些同事间大大小小的误会和心烦意乱的情绪交织在一起时，便容易引发矛盾。

其实，在每家公司里，都难免会出现同事之间因为一些小事而产生矛盾的现象。鱼龙混杂的办公室里不乏飞扬跋扈、喜好搬弄是非的人。假如你被别人敌视了，赶快反省一下自己，看自己是不是这类人。并找出具体的原因，采取有效的办法，使自己脱离被同事敌视的窘境。

陈齐自从进了现在这家公司后，就莫名其妙地被同部门的两个漂亮女同事所敌视。每天上下班，陈齐都会主动向她们打招呼，但她们总是面无表情，装作没看见。每每这个时候，陈齐的微笑就僵硬地停留在脸上，很是尴尬。后来，她从其他同事那里得知，是自己长相漂亮，又会打扮，于是引来了她们的嫉妒。

陈齐对现在的工作非常满意，不仅轻松，工资待遇也很称心，她不想因为同事关系不和而放弃这份工作，可心头的烦恼却一天胜过一天。陈齐苦寻解决之道，终于发现，堡垒都是从内部攻破的，还需要从根本上解决问题。于是，陈齐找机会多接近对她不满的两位同事，经常赞美她们的服饰、气色，还向她们请教自己应该如何穿着打扮才能像她们一样漂亮。两位同事发现陈齐原来一直从欣赏的眼光看待自己，也就放下了对她的敌意，她们的关系变得正常起来。

同在一个职场和办公室里工作，同事之间难免会产生一些矛盾，有了矛盾总是会感觉到不自在。俗话说："低头不见抬头见。"以后你还要与他们在一起共事。所以，最聪明的做法就是用你的智慧和头脑化解"敌意"。

工作本身就是一场不可小觑的"心理战"，把工作做好的同时，人际关系也要处理好，一定要懂得重视同事之间的友好往来，才能避免被敌视的情况出现。

但是，如果不幸，你还处在被同事敌视的境地中，怎样才能化干戈为玉帛呢？

1.主动适时地退让一步。

矛盾发生了之后，首先我们要想到的是如何化解。因为有些矛盾只是鸡毛蒜皮的小事，没有涉及底线。所以，如果我们有错误，可以试着承认自己的不对之处，要知道，真正有能力的人是勇于承认自己的错误的。而且承认自己错了，能够在第一时间舒缓对方的情绪，让大家将注意力放到解决工作问题上，而不是解决情绪问题上。即使你没有错误，也可以思考一下造成矛盾的原因，站在对方的角度，找出矛盾的关键点，主动从关键点进行突破，解决问题。

2.不要直接与对方发生冲突。

如果你与同事就工作中的问题发生了争吵，而且他也讲出了比较情绪化的话，比如"你以为你是谁？""你从来就没听过什么叫应急计划吗?"等，那么你要做到的便是不直接回答他的问题，而是将话题引到真正引发争论的工作问题上。如果对方听不进你的就事论事，那可以暂时什么都不说，等到对方冷静下来，再进行讨论。一定不要直接与对方发生冲突，避免大家在冲突之下做出不理智的举动，给日后的关系修复带来更大的困难。

3.清理心中的郁闷垃圾。

矛盾发生后，可以适时地学会淡忘。毕竟这些不快在心中积累越久，你的情绪受到它们的影响越久。同事之间有了矛盾，可能会由于思维惯性而延续一段时间，但时间长了就会淡忘，所以不要一直因为过去的小事而耿耿于怀，只要你大大方方，不把过去的事当回事，对方也会以同样豁达的态度对待你。

4.让对方知道你非常需要他。

这一点是很重要的，它能在很大程度上调动起对方的积极性。你可以针对自己工作中的困难，提出几点需要提供意见或指导的地方，虚心向对方请教。当然，你是否真的需要他的帮助，那是另外一回事。你的目的是利用这样的一种行为，烘托对方的重要性，让对方更容易接纳我们。当对方在心理上感到满足时，就可以有效避免你们的矛盾激化，减少或消除敌对怨恨的情绪。

面对与同事之间的矛盾，我们应该学会积极地面对，细心地处理。如果遇到那种顽固不化、无论你做出多少努力他也不愿和你和解的人，也不要难过，钻牛角尖认死理的人，是他自己想不开、认不清大道理，问题不在于你，你只管放心做你的工作，不要把他放在心上就行了。

发现同事在背后给你打小报告怎么处理

　　工作中，虽然我们都希望大家能够光明磊落地做事，但是，万一遇到同事在背后打小报告的情况，也要知道该如何应对。

　　当发现同事给你打小报告后，要先了解清楚小报告的内容，明确同事说的事情是真是假。如果是同事恶意冤枉你，那也要反思一下是不是自己在平时的工作中得罪过他，又或者说过他的坏话，或者做过有损他利益的事情。如果有，则要在日后的工作中改正自己的问题。

　　这种受到同事冤枉的情况，一般会发生在工作能力比较强的人身上，而且，这个打小报告的人，很可能是在工作中与你存在竞争关系的人。这个时候，要先分析问题的严重性，如果问题严重，则要采取适当的方式，向别人澄清误会；如果问题不严重，则无须把精力放在与他正面抗争上，只需要反思自己平时的工作有没有做到位、与领导的关系是否依旧融洽、与同事之间的关系是否和谐等问题即可。如果你在各个方面都做得很好，那大可放心，这样的小动作基本不会对你产生太大影响，正如《孙子兵法》中推崇的"不战而屈人之兵"，说的就是这个道理。把自己做到最好，自然没有人能真正影响到你的前途。

　　但是，假如同事打的小报告是实际情况，那事情就不好办了。

　　比如，你在背后说了领导的坏话，被同事转达给了领导；或者你说了某位同事的坏话，不小心被传到了那位同事的耳朵里。类似这样的情况，当然错在自己，不要抱怨同事在背后告你的黑状，只能怪自己没有守住职场规则。

那么，这种情况下，有没有化解的办法呢？如果你平时的工作表现还不错，在领导或同事那里的印象也还可以，你犯的错误也不是特别严重，可能还可以化解。以下有一点建议，可以作为参考。

比如，当你在背后说了领导的坏话，又被别人转达给了领导，这个时候，先不要急着向领导道歉或解释，可以等一等，以免火上浇油，反而不利于你与领导之间关系的修复。

这个等待的过程，是你重新表现的机会，也是领导重新校正他对你看法的机会，你要更加勤恳地工作，争取能有更出色的表现，再次获得领导的认可。领导也会针对你一直以来的表现，对你进行客观地评价。如果他依然认为你这个人还不错，自然能够不计前嫌，原谅你偶尔的过失。

如此，过上一小段时间后，再找一个合适的机会，当面向领导表达你的歉意，想来也就能顺利获得领导的谅解。表达歉意时，也不必把话讲得太具体，点到为止即可。

比如，你可以这样说："领导，我这个人啊，您也知道，有的时候就容易犯点小糊涂。有一点小情绪就控制不住这张嘴，说些过分的话，惹您生气。您可千万别往心里去，别跟我一般见识。我以后肯定改了这个毛病，还会好好工作，争取不再给您添麻烦。"

这样朦胧地点出之前的事就可以了，不必明白地说明是哪件事。因为，如果你明明白白讲出，某年某月某日，你在什么地方说了些什么话，即使进行了道歉，也会让领导难以回应。毕竟，如果领导表示没关系，他自己可能会很没有面子；如果领导向你发火，又有失领导的风范。所以，干脆点到为止，彼此都不至于太尴尬。

　　如果是和同事之间发生了类似的事情，解决方案也类似。但是，虽说道歉时点到为止即可，但道歉这个举动却不可省略。道歉的行为代表的是你的态度，点到为止只是为了避免双方的尴尬。

　　比如，对同事，你可以这样说："兄弟，我这个人啊，平时口无遮拦惯了，说了什么你不爱听的话，你该批评我就批评我，确实是我错了。不过，话又说回来了，咱们在一起共事这么长时间了，我这个人你也知道，嘴上爱乱说，心里可没有那么多想法，说完了也就完了，还请你别跟我一般见识啊。"

　　虽然以上谈了如何应对同事在背后打小报告的情况，但是，在平时的工作中，还是尽量主动避免这样的情况为好。一方面，守住职场的规则，不该说的话不要说，不该做的事不要做，不给别人抓住把柄的机会。另一方面，努力让自己在各方面做到最好，即使有人恶意冤枉你，也有轻松应对的实力。

同事变朋友，并不像你想象得那么简单

很多人会有这样的疑惑：同事能成为朋友吗？要回答清楚这个问题，首先要明确什么是朋友。

一般来讲，朋友是指在任意条件下，彼此双方的认知在一定层面上能关联在一起，不分年龄、性别、地域、种族、社会角色和宗教信仰，符合对方的心理认知，并可以在对方需要的时候给予帮助的人。

但在职场中，同事与同事之间真的可以做到在任意条件下都能给予对方帮助吗？

这是不一定的。因为职场是讲利益的地方，职场中，人与人之间的关系是会随着职务的变化而发生变化的。工作中，当同事需要你提供一项帮助，而这项帮助会影响到你的工作成果时，你会帮助他吗？所以说，同事之间的关系，更多的是团队合作关系，大家是利益共同体，却不一定适合做朋友。

临近年终，公司为大家准备了丰厚的年终奖。但根据一年以来的表现不同，每个人获得的奖金金额是不同的。

白雪去经理办公室送业务合同的时候，刚巧经理不在，而那份年终奖金明细表就放在经理的办公桌上。白雪看到了部门每个人的年终奖奖金，发现部门中平时工作最认真的小吉获得了8000元奖金，而新来没多久的员工小张却获得了14000元奖金。正当她诧异之时，经理回到了办公室，发现了正盯着奖金明细表的白雪。

经理严肃地警告白雪，年终奖的金额属于工作机密，不能把明细上的金额透露出去。

结果，从经理办公室出来后，白雪就忍不住将这个消息告诉了关系最要好的同事许欣，许欣也感到非常震惊。

第二天，小吉便跑到了经理办公室大闹，认为奖金制度分配不合理，要求经理给出具体的说法。

原来，是许欣把这个消息告诉了跟她关系还不错的其他同事，其他同事又把消息告诉了小吉。

经理直接找到了白雪，作为惩罚，扣除了她的奖金。白雪也和许欣翻脸，认为许欣不能保守秘密，不配做她的朋友。

许欣不能替白雪保守秘密，这固然有错，但在这件事情上，首先犯错的人是白雪。

在朋友之间的交往中，有一个说法叫作"朋友不能承受之重"，说的就是我们在向朋友倾吐秘密的时候，朋友自然而然承担起了替我们保守秘密的责任。然而，当我们把秘密说出去的那一刻，就应该意识到，我们是第一个没有保守住秘密的人。如果秘密一旦被泄露出去，首先该承担这个错误的人是自己。

同事之间可以成为朋友，但需要注意一点，那就是把握交往的尺度。毕竟，生活中的朋友可以互相吐槽与工作相关的话题，但和关系比较好的同事谈论与工作相关的事情，则可能产生不好的影响。所以，当我们和同事的关系日渐亲密，认为对方是一个值得交往的朋友时，只要双方还在同一家公司，就不要过多交谈工作上的事情，尤其是工作中的敏感话题。

苏明和陈冬是工作搭档，两人脾气相投，能力也不相上下。

有一天，陈冬接到任命，下个月，他就要升职为新的部门经理了，他和苏明的关系将变成上下级关系。

陈冬深知苏明是个好强的人，虽然两人关系密切，恐怕苏明也难以屈居自己之下。

陈冬找到苏明，对他说："老苏，我要升职啦！以后，我可就是你的领导了。你这个人，我知道的，工作能力强，平时鬼点子也多，办事不按常理出牌，咱们的老领导周经理可没少跟你生气。这以后咱们成了上下级关系，你这脾气，我可不惯着，咱们该怎么样可就得怎么样啊。"

苏明半开玩笑半认真地回答："陈总，恭喜恭喜。哎呀，我可不想跟着你干，让你领导我，还不得把我别扭坏了。我呀，早有心挑战一下自己，最近呢，正好有一家公司一直邀请我过去，我打算去试试。不过啊，我最近可不能离职，再等上一两个月吧。"

陈冬问："真要走啊？不过……等什么？"

苏明拍了一下陈冬的后背，说："等什么？当然是等帮陈总在新岗位上工作顺利啊！"

一个月后，苏明没有离开公司，因为陈冬向其他部门的上级极力推荐了他，两个人又成了平级。

苏明和陈冬把两人的关系处理得很好，他们虽然是彼此欣赏的朋友，但在工作上，却是公私分明，并不因为两人的关系好就破坏了上下级间的规矩。

　　职场中的同事，无论私下里关系处得多么好，还是要注意把握分寸。不该说的话不要说，不该做的事不要做，这不仅仅是对自己负责，更是对对方负责，对工作负责，对公司负责。

第十二章

不 同 性 格

的 人 如 何

驰 骋 职 场

完美主义者要适当放下执念

所谓完美主义者，他们的特征是对别人要求严格，对自己也要求严格。他们大多性格内向，平时喜欢思考，日常举止相对得体礼貌。但他们往往内心充满矛盾，常常害怕别人不在意自己，却又怕别人太在意自己。

另外，完美主义者擅长发现生活当中的问题。每当他们发现了一些不美的东西，就渴望能纠正它们。比如，等公交车的时候，如果有人抢座位，他们总是第一个站出来进行指责；过马路的时候，如果有人闯红灯，他们也会极其不高兴。当然，见到这种不文明的现象，大部分人都会有情绪，但完美主义者的情绪反应会更大，而且特别容易指责别人。总之，他们比较擅长发现生活当中的不文明、不正确的现象，也往往容易站到道德高点去评判这个世界。

在完美主义者的脑海里，几乎不存在灰色地带。如果告诉他们，生活中不要过分在意对与错，他们会很难理解，因为对与错的观念在他们的脑海中有着重要地位，这是他们平时做事的标准。他们会以对错来评判自己的行为，对自己的要求比较严格，同时，当看到其他人做错事情，往往也难以容忍，会直接指出。

那么，在职场当中，完美主义者的表现是什么呢？

面对不确定的工作任务时，完美主义者需要有明确的对与错的判断，如果一时难以判断对错，他们便很难采取具体的行动。然而，实际上，对与错常常不是绝对的，也会根据具体的情况发生变化，这也是让他们痛苦的地方。当对与错的标准不统一时，他们也就无法做出准确的判断，他们的行动力也会因此下降。

由于他们非常在意对错，对于工作中的一些现象，他们会难以理解。比如，一位员工的工作完成得不够好，他们便认为领导应该批评这位员工，但如果领导由于一些原因没有进行批评，他们便会认为领导的处理方式不公平。

善于发现问题是完美主义者的一项优势，但是，这个优势如果发挥得不好，也容易变成劣势。因为过分追求完美，会难以容忍问题的存在，而很多时候，工作是无法达到完美要求的。

对于自己的本职工作，他们总是能够把事情做好，即使给他们一定的压力，甚至他们在处理工作时遇到了意外的困难，也一定会排除万难按时完成。这是他们最大的长处，在职场中，这也无疑是加分项，应该充分利用这项长处。

但是，这项长处如果利用不好，便会造成一定的弊端。他们总是觉得自己的工作做得还不够完美，总是会对自己提出更高、更苛刻的要求。同时，他们也会用同样的标准来衡量和要求别人，希望别人能与自己一样，并且会站在道德的高度谴责别人的错误。如果他们处于领导岗位，那么，他们对下属的要求会非常严格。下属一旦犯了错误，便会遭到严厉的批评。

然而，"水至清则无鱼，人至察则无徒"，如此一来，他们在职场中的朋友也会比较少。

因此，在工作中，完美主义者要特别注意，千万不要苛责同事，不要苛责下属，更不要苛责领导。可能他们会想，我既然发现了问题，就有责任指出来。但其实，在你发现问题的同时，很可能别人也发现了，但并不是所有的问题都需要按照你的方式来解决。并且，有些工作虽然未能达到完美，但却达到了效率与质量的平衡，这也是一种"完美"。对于工作，我们的确应该力求完美，但不必过分追求完美，特别是不必过分要求别人达到完美。

所以，完美主义者最好保留自己做事认真高效的能力，而适当放下对完美的执念，调整对自己、对别人的苛刻要求。尤其是对别人，最好能够学会宽容别人的错误。

除此之外，完美主义者还很容易不合群，即便是在同事们一起聚餐等比较放松的场合，他们也不能充分放开自己。因为他们随时随地都把对与错的枷锁放在自己身上，做任何事情都要按照标准进行衡量，当发现自己的行为不够完美时，他们会感到纠结和难过。

如果你是典型的完美主义者，或在你的性格中有一部分完美型性格的特点，并且你希望自己能够发展到公司的中高层阶段，那么，你就要做出适当地改变，最重要的就是要改变自己对完美的追求。

首先，要明确在职场当中的处事标准。只有把标准完全搞清楚，才能保证在以后的工作中，衡量事物时有一个正确的参考。

另外，尽量让自己放下对于对与错的执念。很多事情，即使做错了也没有关系，改正就好；即使发现了别人工作中的错误，不横加指责也不会如何；工作中的秩序，偶尔乱一下也无伤大雅。对于工作中的一些小错误，要学会释怀，毕竟，没有什么是完美的，而且，完美也没有标准，你认为的完美在别人眼里可能并不完美。过分追求完美，很多时候并没有意义，反而会让自己累上加累。

总之，完美主义者要保持自己做事认真的态度，但同时也要放下对完美的执念，尤其对别人的错误要多包容，不要苛责。

好胜心强的人要多看工作之外的精彩

好胜心强的人往往喜欢权威，喜欢与别人比较，喜欢用成就来衡量自己的价值。在工作中，他们大多数是工作狂，希望自己能够得到大家的肯定。在职业发展上，他们多是野心家，不断地追求更高的发展，希望自己与众不同，希望受到别人的关注，希望成为众人的焦点。

他们的好胜心体现在工作的方方面面，甚至在穿着打扮上也会比别人更加在意，总是希望给人一种得体而讲究的感觉。在办公室走路时，他们的走姿和动作也会有板有眼，讲话时，声音也有一定的腔调。总之，他们希望在各个方面给人一种认真、严谨、专业的感觉。

好胜心强的人往往很有气场，虽然并不随便开玩笑，但是他们会有意融入团队当中，因为他们自认为是成功人士，而成功人士需要有融入团队的能力。

并且，他们在与人相处时，方式常常会发生变化。他们会根据对象的不同，采取不同的策略，展现出自己不同的样子。因为在他们看来，一个成功人士应该能做到让所有人感到满意，应该能做到照顾所有人的感受和情绪。

在平时的工作中，好胜心强的人往往雷厉风行，做事风风火火，很有干劲。他们将自己定义为成功人士，因此并不排斥工作上的忙碌，甚至通常会主动加班。他们加班也不会像一般员工那样希望被领导看到，而是自愿加班，而且未必愿意被别人看到。

好胜心强的人很讲究业绩，如果他是普通员工，那他通常不需要领导操心，就能把工作做得很好。如果他是领导，则会常常向下属强调业绩，他激励下属的方式就是业绩和分成。对他们来说，业绩好坏是衡量工作能力的唯一标准。

那么，如果你不是好胜心强的人，而你有一个好胜心强的领导，该怎么办？答案很简单，那就是和他保持一致。日常工作中，工作效率提高一点，讲话行事得体一点，穿着讲究一点，尽量达到他的要求。好胜心强的领导通常最讨厌懒惰的下属，所以一定要勤快，要主动积极地面对工作。

跟着好胜心强的领导，好处非常明显，那就是你的进步会很快。当然，坏处也非常明显，那就是你会很累，并且极少能得到人情味的关怀。

为什么这么说？因为好胜心强的人有一个明显的缺点，就是不大讲究人情味，或者说，人情味比较淡。工作中，他们几乎只会讲成绩，讲金钱，讲地位，讲权力。即使他们也会向别人露出笑容，那往往也只是出于礼貌，而不是发自内心地表达友好。即使偶尔会关心下属的情绪，也是希望下属调整好自己后抓紧做业绩，不要因此影响工作，而不是真正关心下属的个人情况。

对于好胜心强的人来说，生活除了财富、地位、权力，其他事情都没有意义。其实，这种想法是需要改变的。生活中，除了工作，还有很多值得去做的事情。人生的意义，除了争取财富、地位和金钱，还在于投入情感，感知人与人之间的温情。

如果你认真观察过真正的成功人士，你会发现，成功人士也是有丰富的感情的，而且很讲究情怀。如果你的感情非常淡，即使达到了一定的职场地位，恐怕也没有人愿意跟着你长久地走下去。即使你能带给别人足够的金钱，也未必能带给大家快乐；即使你能带给别人地位和权力，也未必能让大家真正开心。

所以，如果你关心自己下属的原因仅仅是为了让他们更好地完成业绩，这可能对你将来当上总经理，甚至走向更高的位置不利。一个想当总经理的人，一个能走上领袖位置的人，一般都会在感情上投入很大精力，他们会在人情的关怀上付出很多。

另一方面，虽然好胜心强的人比较容易在工作中取得成绩，但可能会因此造成很大的身体消耗，精力投入的过多，不懂得劳逸结合，有可能会损伤自己的健康。比如，很多人在火车、飞机上还在做PPT，在沙滩上休假也还是忙于工作，不懂得让自己放松下来。人应该学会适当休息，不要让人生的天平太过倾斜于工作，要给自己一定的时间享受生活。

所以说，好胜心强的人，要从情感上和身体健康上多注意，适当调整自己的状态，让生活中的人情味多一些、趣味多一些。

如果你是好胜心强的人，首先要恭喜你，你的职场晋升之路将走得很顺利，也很容易做到高层。但是，假如你还想有更好的发展，希望成为企业中的领袖，则需要补足自己的短板。如果你能把情感看得更重要一些，你的职场发展将会更加顺风顺水。但是，也要注意多休息，多看到工作之外的精彩。

性格强势的人要更加谦虚

性格强势的人往往喜欢追求权力，讲求实力，万事靠自己，有很强的正义感。他们是绝对的行动派，一旦碰到问题，马上就会采取行动去解决。他们往往独立自主，依照自己的能力行事，希望靠自己的力量带领大家走向更好的未来。

性格强势的人，他们工作的能力很强，也不会过分在意一些小事，比较注重大局。同时对别人也有一定的包容性。在工作中，他们也不会欺负弱小，反而会非常爱护工作能力稍差的人，会照顾他们的情绪，会适当帮助他们。因为在性格强势的人心中，他们是为大家带来美好生活的，是带领大家共同走向未来的，所以他们特别会照顾弱小。

性格强势的人特别不喜欢被击败的感觉，这是他们的优点，也是他们的缺点。他们无法接受失败，这也就意味着他们的抗压能力稍差，比较容易被一次失败打倒。

当性格强势的人还处于普通小员工的位置时，他们往往比较容易吃亏，因为他们的能力强，心气也高，因此比较容易好大喜功。如果你是性格强势的人，同时你还处于普通员工的位置，一定要学会低调，在适当的时候，要学会向别人低头，不要过分向别人强调自己的才能，尤其不要过分张扬自己的成绩，以防引起同事的不满，影响与工作伙伴的关系。

当性格强势的人成为领导时，也要注意保持谦虚。因为这类性格的人做了领导之后，会习惯了发号施令，习惯于别人都听从于他。当他自己犯了错误被别人指出时，往往容易狡辩或反驳对方，造成一些冲突问题，影响同事、上下级之间的关系。

那假如遇到性格强势的领导该怎么办？

首先，努力把业绩做出来。当然，跟着任何类型的领导，都应该先把业绩做出来，但性格强势的领导往往更看重下属的工作能力。

其次，对于性格强势的领导，要学会赞美他。但是，和其他爱听下属赞美的领导不同，性格强势的领导往往不喜欢太过虚伪的拍马屁，也不喜欢太过细节的赞美，他们喜欢别人在比较大的方面、站在比较高的角度来赞美他。所以，可以赞美他有气场，赞美他有格局，赞美他有眼界。

那假如你遇到性格强势的下属，该怎么办？

如果你的下属是这样的人，并且爱吹牛、爱面子、爱邀功、爱打抱不平，但就是不能踏踏实实干一些基础性的工作，那最好的办法就是激将法。

你可以这样对他说："在咱们团队里，也就你能独当一面了，我把最重要的工作交给你，要是连你都做不好，咱们公司可就没人能做好啦。"这种话往往能够成功地刺激到他，让他愿意去独当一面，去踏踏实实完成一项工作。

如果这类下属做成了重要的工作后便好大喜功，那也有方法来应对，可以找到一位能与他相较的人和他进行良性竞争。如果实在找不出与他能力差不多的人，那就给他出点"难题"，灭一灭他的傲气。因为对他们来说，苦口婆心地劝说是没用的，只有让他们真的在实践中遇到挫折，他们才会认识到自己的不足。可以故意给他安排一些难度更大的工作，让他面对更大的挑战时，认清自己的能力。

性格强势的人能力超群，很容易在职场中获得不错的发展。但如果能够在态度上更加谦虚一些，便很容易成为了不起的人。

喜欢享乐的人要有明确的计划性

　　喜欢享乐的人生性乐观，他们希望自己在工作中能感受到快乐，因此总有一些新鲜的、创新的想法。他们的情绪变化也很大，会因为各种各样的事情而感到开心或难过。但是，对于工作中产生的不愉快，他们能够迅速忘掉，并立即投入到能让自己感到快乐的事情中。

　　喜欢享乐的人，他们希望工作中有各种各样的选择，喜欢挑战，会把自己的工作安排得很丰富，但不喜欢承受太大的工作压力。由于他们比较在意快乐的感受，常常将获得快乐作为工作最重要的需求，所以工作目标性往往比较差。另外，他们也不喜欢对问题进行深层次的探索，因为这多少会让他们感觉到枯燥和无趣。因此，他们在工作中也时常变换方向，目标跳跃性很强，一切随心情而变，不能始终如一。

　　喜欢享乐的人虽然看起来总是处在活泼开朗的状态，却不代表他们的心思不细腻。实际上，他们心思非常细腻。在和别人的交往中，他们很敏感，总能快速捕捉到别人对他们的真实态度。当别人对他们不够礼貌或者拿他们开玩笑时，虽然他们表面上看起来不在乎，但其实内心非常在意。他们很希望得到大家的尊重，不希望被人误认为是肤浅、无知的人。

　　由于喜欢享乐的人将快乐放在第一位，所以他们对于权力、地位、能力看得不是特别重要，因此不大容易能走上领导岗位，对于领导的权威也常常不以为然。

如果你是喜欢享乐的人，并且你希望自己能在职场中有更好的发展，那就要学会将自己性格中有利于自我发展的一面展现给别人，比如你良好的人际关系、能带给别人快乐的能力等。将自己性格中不利于自我发展的一面适当隐藏起来，比如贪玩、耐力不足、没有计划性、目的性不强等。最好能针对自己的缺点进行弥补，学会为自己制定明确的工作计划和目标，学会坚持把事情做到底。还有最关键的一点，就是注意自己的言行，无论是人前还是人后，不要说别人的坏话，不要传播办公室八卦，对于工作中的机密，一定要严格保守。

如果你的下属是喜欢享乐的人，如何和他相处呢？

对于喜欢享乐的下属，作为领导，如果你不能带给他快乐，不能体会到他的感受，不能尊重他的行为，他很难脚踏实地地为你做事。所以，要尊重他的快乐，尤其注意不要利用他的快乐，比如不要因为他每天很开心就毫无底线地和他开玩笑。

由于喜欢享乐的人不大在意领导的权威性，因此容易不服从领导的安排。如果想要让这样的下属努力工作，那就照顾好他的情绪，平时可以给他买点小零食哄他高兴，或说一些他喜欢听的话让他顺心。比如对他说，"你这个人，看起来每天欢天喜地的，其实，你也挺敏感的，有时候啊，心里也有不少想法，只不过，别人很难看出来。其实，你也是希望别人能理解你的。"这种话，享乐的人往往会比较喜欢听，听到后有了被理解的感觉，也就会愿意为你所用。

一般来说，喜欢享乐的人可能工作能力并不差，但他们的思维跳跃性太强，对于一项任务难以长期坚持下去。所以，作为领导，要善于运用他们的短期爆发力，而不要贸然交给他们需要长期坚持的工作。比如，可以给他安排一项为期一个月的艰巨工作任务，完成后让他适当放松一段时间。如果一下子给他安排一个需要持续奋战半年的工作，那他可能会因为感觉不到快乐而放弃。

总之，喜欢享乐的人在工作中会过得很快乐，也会过得很丰富，但是，如果想要有更好的发展，务必要学会为自己建立比较明确的工作目标和具体的工作计划，让自己在工作中更有目的性、计划性地向前发展。

性格温和的人要培养自己的决断力

性格温和的人，他们比较希望能够在一种平和的环境下工作。与同事相处时，会主动避开一些可能产生冲突和矛盾的行为，尽量让自己保持平静。如果工作中发生了不愉快，他们也会自动忽视，让自己的情绪恢复平静。

从外表来看，他们不大注重打扮自己。虽说他们偶尔也会注重一下自己的形象，但大部分时间，他们的穿着打扮比较随意，尤其不会化浓妆。他们的穿衣风格也非常符合他们的性格，比较简素，不张扬。

在工作上，他们的工作能力不是特别突出，工作节奏也比较缓慢。他们不会风风火火、雷厉风行，但却经常看起来很忙碌，这是因为他们的时间管理能力不够，分不清当下该做什么，工作一忙就容易自乱阵脚。

他们往往还有一定程度的选择困难症。比如，让他们评价其他同事，这对他们来说可能就有些困难；让他们在不同方案中做选择，也有一定的难度。从根源来分析，是因为他们对于对错、好坏、优劣的界限比较模糊，很难从纷杂的现象中抓住事情的本质，对很多事情无法做出准确的判断。

他们在职场上的理想也并不远大，甚至没有太过明确的目标，也缺乏向前的冲劲。他们的抗压能力也相对较差，在工作压力很大的时候，他们会感到无所适从，甚至感到沮丧，遇到过于困难的事情容易产生放弃的念头。由于这一特点，他们会比较难以适应性格强势的领导，尤其难以适应爱发脾气的领导。

他们为人不强势，甚至有些弱势，很少与人发生冲突。当领导对他们进行批评时，他们也很少主动争辩，但不争辩不代表他们认可领导的想法，他们的内心也会产生抵触情绪，只是在表面上不会进行争辩，而是会在心中默默形成自己的判断，用自己的方式默默解决。

他们还有一个很大的缺点，就是不擅长拒绝别人。当同事请他们帮忙做一些事情时，尽管自己很忙，也会应承下来。

在人际交往方面，他们有着明显的优势。他们往往没有明显的敌对对象，能和大多数人和谐相处。所以，在团队中，对于维护团队和谐稳定，他们能够起到很大的作用。当同事间发生矛盾冲突时，他们可以从中调停，避免大家因情绪问题影响工作。

那么，性格温和的人想要在职场中有更大的发展，该怎么做呢？

首先，最好为自己树立一些明确的行为规范，确定判断事物对错、优劣的标准，让自己的头脑更清楚。在面对问题时，能更迅速地做出判断和抉择。

然后，最好能够要求自己更细心一点，在小事上做到出色。在职场中，能把小事做好且稳定性高的人，迟早也会受到领导的器重。

另外，还可以多注重一下自己的外表。如果你是女性，可以尝试一下化淡妆，穿一些更富个性的服装。毕竟，你对美的感受还是很细腻的，如果用心打扮，会有很不错的效果。

如果你的下属是性格温和的人，该如何和他相处呢？

　　首先，要明确他在公司中的作用。由于他的性格温和，人际关系不错，所以他是维持团队稳定的重要角色，当团队中发生小问题，同事间发生小摩擦时，可以请他出面调解。

　　其次，由于性格温和的人缺乏决断力，他的工作能力往往不够强，所以不要交给他过于重大的任务，而是多给他一些需执行但不需做出太多决策的任务。

　　再次，可以适当给他一些挑战，但不要让他承担过大的压力。

　　最后，不要试图立即改变他。性格温和的人虽然不会与领导发生正面冲突，但他们往往内心非常固执，很有自己的想法。当你批评他时，他虽然不会反驳，却也不会轻易认同你的观点。如果你强势地要求他做出改变，他很容易产生逆反心理，反而适得其反。

　　性格温和的人做事比较踏实和稳定，擅长调解团队成员的关系。在职场中，如果能够有意识地培养自己的决断力，则能够逐渐担当重要的工作任务，获得更好的发展。

乐于助人的人不要对别人报有额外的期待

　　乐于助人的人很在意别人的需要，非常热心，愿意主动帮助别人、迁就别人。看到别人在自己的帮助下变得更好时，他们会获得极大的满足。

　　他们的外在形象往往不错，常常笑容满面，对任何人都非常友好热情，很阳光。在工作中，任何人遇到困难，他们都愿意帮一把，因此与同事的关系非常好。

　　他们还有一种非常独特的本领，就是能够快速了解别人。当他们与一个人接触之后，很快就能判断出别人需要什么。比如，公司来了一位新同事，接触上一两天，他们就会知道这位新同事的脾气秉性。当他们来到一家新公司时，他们往往也能很轻易地捕捉到很多重要信息，比如：谁是部门中工作能力最强的人，谁是领导最器重的人，等等。

　　他们天生愿意帮助别人，又希望获得别人的好感，所以，他们会将自己的这项独特本领发挥出来，根据自己了解到的信息来主动调整自己的状态，和别人保持一致，来取得别人的好感。所以，当他们到了一个新环境中，往往能够迅速获得大家的认可，并且任何性格、任何关系的人都容易将他们奉为知音。

　　由于他们能够非常敏锐地捕捉到别人的想法，因此也很容易和领导处好关系，容易获得领导的青睐。他们的工作能力往往也不差，有非常明确的目标，行动力很强，学习能力也很强，因此能为领导处理实际问题，很容易在职场中获得较好的发展。

但是，这类性格的人也有需要注意的地方。

正是因为他们非常愿意帮助别人，也非常享受帮助别人之后获得的满足感，因此他们很希望这种满足感能持续下去。当他们为别人付出后，往往期盼获得别人的回报，起码是获得别人口头上的感谢。但是，如果别人并没有如他们所愿，他们便会大大失望，甚至与对方产生矛盾。

另外，当他们帮助了别人之后，也会对对方有额外的期待，比如希望对方日后有需要还能开口，甚至希望对方事事都与自己分享，这体现了他们内心的占有欲。当然，并不是说所有这类性格的人都会出现这种情况，而是在他们状态不佳，或者心情不太好时，容易有出现这种情况的倾向。因此，要学会调整自己的心态，让自己更加平和，不要为此引起同事间的矛盾。

如果遇到乐于助人的同事，该如何与他相处呢？

遇到类似性格的同事，与他处理好关系很容易，因为他会主动向你示好。平时和他交流时，可以多多赞美他，特别是从他比较敏感的角度进行赞美，因为他希望获得所有人的喜欢，特别希望获得别人的认可。你可以这样赞美他："你可真厉害，我们身边幸好有你，你为公司、为大家办了多少事！真是不能想象，要是没有你，大家可怎么办呢。"经常对他说类似的赞美，会很受用。

如果你的下属是类似性格的人，你要格外注意。

虽然他的工作能力很强，学习能力也很强，也善于为你处理工作上的难题，但是，在平时的工作中，要防止被他操控。毕竟，他的识人本领过强，过于能够看穿别人的心思，如果他有很强的野心，要小心被他操控和利用。

作为领导，对于类似性格的下属，也要时常赞美。这种性格的人，他虽然可能有对金钱和职位的渴望，但他更希望获得别人的理解。所以，可以试着这样赞美他："很不错，我的团队里有你这一名大将，真是让我省心不少啊。"当他发现自己获得了领导的理解后，他会认为你非常知人善任，会更加认真地工作。

如果你的领导是这种性格的人，也可以经常对他表达赞美。

比如，你可以这样对他说："跟着您这样的领导真的很好，一直以来，您对我的帮助很大，也很体恤我们做下属的，我们大家都很敬服您呢。"给予领导口头上和精神上的认可，足以让他对你产生好感。

在职场中，乐于助人的人往往职业发展都很好，因为他们对外界的感受很敏锐，情商也很高，人际交往能力强，又很擅长学习，他们很容易发展到较高的职位。只是，在帮助别人后不要对别人报有额外的期待，以免因此产生不愉快，影响人际关系。

追求浪漫的人要重视人际关系

追求浪漫的人非常热爱生活，常常喜欢用特别的方式来表达他们的情感。在工作中，他们希望创造出独一无二、与众不同的成果，所以会不停地对生活、事物进行观察和思考。但他们也容易情绪化，占有欲强，同时又有些孤傲，我行我素。

追求浪漫的人在穿着打扮上非常有品位，甚至是与众不同。比如，有的男生喜欢留一撮小胡子，或留长头发；有的女生喜欢穿颜色非常鲜艳的衣服，搭配起来非常独特。总之，他们看起来很有艺术气息和浪漫气息。

追求浪漫的人有一部分会比较多愁善感，就像《红楼梦》中的林黛玉；另一部分人，情绪又非常激昂，比如见到新鲜事物后容易有感而发，喜欢高歌一曲或吟诗一首。

那么在职场中，他们的表现如何呢？

首先，职场中这类性格的人并不多，因为他们更向往自由，对职场晋升等事情不屑一顾，甚至认为这些事情非常庸俗，不符合他们的个人气质，也不符合他们的人生观、价值观。但并不能说职场中完全没有这类性格的人，特别是一些需要想象力和创造力的岗位，往往就有这类性格人的身影。

在处理工作时，他们通常希望通过艺术的形式来追求自己想要的结果，并且非常执着。他们工作的目标似乎是完成一项只属于自己的任务，比如弥补一项遗憾或获得一种仪式感。他们特别注重内心世界和精神世界，对周边的事物极其敏感，比如刮风、下雨、下雪等天气变化，都可能对他们的心情甚至工作产生影响。也正是因为他们的这种敏感，才能让他们在需要创造性的工作上做出成绩，用别人看得见的笔墨和色彩勾勒出别人完全未曾留意过的世界，创造出震撼人心的工作成果。

他们通常不喜欢朝九晚五的工作节奏，而是希望时间能够相对自由些。对于自己可以支配的时间，他们特别喜欢远离工作本身，去一些人迹罕至的地方，去找一种孤独的体验。

在工作中，他们多少有些自命不凡，喜欢孤芳自赏，不会主动迎合别人，不太会花心思与别人处理好关系，认为自己鹤立鸡群，甚至对维护人际关系有些不屑一顾。他们不喜欢扎堆，对于同事们组织的集体活动，他们也很少参加。不爱主动表现自己，非常享受孤独。

但他们不合群并不代表他们不懂礼貌。相反，他们非常懂礼貌，对每个人都非常温和，非常尊重。但正是这种温和与尊重，反而给别人带来一种距离感。面对他们的礼貌与客气，别人往往会望而却步，很难再有进一步交流的想法，不容易走进他们的内心世界。

由于他们特别在意内心感受和精神世界，所以对于追求物质和金钱很不屑，更不屑于追求权力和地位。在职场上，他们不会为了工作而忍受委屈，当看到别人如此时，他们也很难理解。他们非常自我，很难妥协和退让。因此，这类性格的人在管理层很是少见。

如果你是这种性格的人，并且希望自己能有一定的发展，最好适当收起桀骜不驯的一面，学着务实一些，接地气一些，与同事处理好人际关系，多听从领导的指令。

　　如果你不是这种性格的人，但你的同事是这种性格，该如何与他们相处呢？

　　如果你和这类性格的同事关系还不错，那你会发现，这是一件蛮幸福的事。因为他们看问题的角度比较独特，解决问题的方式也会与众不同。经常观察和思考他们处理工作问题的方式，能够帮助你打开思维，找到工作中的更多可能性。但是，在相处时也有一些注意事项，那就是要尊重他们的内心感受，适当与他们保持让彼此都舒服的距离。

　　喜欢浪漫的人，他们虽然很少在职场中出现，但对于整个世界来说，他们的存在有着巨大的意义。如果没有这种性格的人，那些具有创造性和美感的作品都将无缘被世人看到。

性格孤僻的人要适当考虑别人的感受

性格孤僻的人喜欢远离人群，不爱与别人为伍。他们对物质的要求不高，更多是追求精神生活。他们也不善于表达自己的内心感受，情绪起伏不大。对于知识，他们有很强的探索欲，喜欢深入钻研和分析，希望通过努力变得更博学。

在外表上，他们不甚在意自己的穿着打扮，有些不修边幅，甚至给人邋遢的感觉。他们脸上的表情也常常比较淡然，好像很少开怀大笑，总是严肃而平静的。平时，他们喜欢收集东西，比如工作奖章、出差时的火车票、旅游时的门票等。

这类性格的人不大适合做销售工作，也不大适合做公关类工作，如果是做科学研究、工程设计等与人打交道不多的工作，可能会做得比较出色。典型的性格孤僻的人，通常也不大会走上管理层，因为对他们来说，把手头的工作做好、把不懂的知识搞明白、满足自己对未知学问的好奇，比处理好人际关系、升职加薪有趣得多。

这类人最典型的代表就是大学里专门研究某一领域的教授，他们每天埋头搞科研做学问，或跟数字打交道，或跟物理打交道，或跟化学打交道，或跟文学打交道，但就是不喜欢跟人打交道。他们虽然不喜欢与人交往，但却有着另外一项天赋。在参加会议、聚餐等活动时，虽然他们看起来对这些不感兴趣，但活动结束后，他们总能清晰地记得当时的场景。这说明他们的观察力很强，也很善于捕捉重点信息。

他们平时虽然不善交际，但对外面的世界很敏感。他们通过电视新闻、热点事件来捕捉这个世界的变化，甚至能非常及时地了解到重要信息。他们有格物致知的本领，有研究学问的天赋，并且愿意投身到各项研究中去。

他们在与人沟通时，常常习惯以自己的兴趣为导向，不太懂得注意别人的感受。在交流时，说话直奔主题，言简意赅，有理有据，但通常没有什么感情色彩，更不会与别人开玩笑。如果遇到他们感兴趣的话题，他们会很乐于发表意见，但如果他们对所谈的话题不感兴趣，便会很少开口，即使开口，也是惜字如金，态度非常冷漠。

如果你身边有这类性格的同事，该怎么和他们相处呢？

其实，他们虽然对人不是很热情，但却没有什么恶意。在日常工作中与他们相处时，只需重点在意工作部分即可，对于人情方面，不要对他们有过高的要求。

如果你的下属是这类性格的人，在与他沟通时，要有更多的耐心，经常鼓励和引导他们表达自己的想法。如果你有重要的事情要与他交谈，最好提前知会他，并且找一个单独的时间进行。特别是当你需要了解他的想法，或者需要他做出某项决定时，要给他预留出足够的思考时间，不要让他有太强的紧迫感。

性格相对孤僻的人，他们能把学术类、科研类的工作做得很出色，但是如果想要在职场中有更好的发展，则要考虑多关注身边的人，多关注他人的感受，多了解别人的想法，用心处理好人际关系。

怀疑论者可以尝试早一步开始行动

　　怀疑论者，他们做事往往小心翼翼，很容易产生疑虑，不轻易相信别人，容易反权威。但另一方面，他们又相信权威，愿意跟随有权威的领导行事。怀疑论者又被称为忠诚者，因为他们做事尽心尽力，非常忠诚。所以说，怀疑论者有着一种相对矛盾复杂的性格。

　　从表面上很难看出这类性格的人有什么突出的特点，但从行事上很容易分辨出来。

　　举一个最简单的例子，如果对面冲过来一只野生老虎，第一个拔腿就跑的人，往往就是这种性格的人。同样，第一个冲上去与老虎搏斗的，也是这种性格的人。虽然他们的反应完全不同，但他们的目的是相同的，那就是要消除隐患，避免隐患带来的不确定性。如果拔腿就跑的那个人学会了勇敢面对危险，他就会浴火重生，他的思考力、行动力将会有很大的提升。

　　怀疑论者身上最大的特点，就是非常容易产生疑虑，对很多事情都会产生怀疑。这是因为他们对安全隐患方面的问题比较敏感，能非常敏锐地捕捉到类似信息，由此产生不安情绪。如果这类性格的人胆子小，那就很容易表现出谨小慎微、畏首畏尾的样子；如果胆子大，则会勇敢地解决问题，消除隐患。

　　怀疑论者的思考力非常强，甚至是一般人难以达到的强度。对于工作上的事情，如果他们在某一个环节没有想明白，或者没有想透，他们绝不会贸然开始行动。他们会在思考上投入相当多的时间，而且不仅会思考工作上的问题，也会思考在人际交往过程中产生的种种问题，以及自己身上的问题。

当他们将问题思考清楚之后，就会立即开始行动。因此，他们的行动力很强，而且处理问题的成功率很高。但是，当他们感觉自己的思考还不到位时，也不会开始行动，因为这样会让他们感到没有安全感，会对他们的行动带来巨大的阻碍。他们必须保证完全消除了隐患，才能放心地实施自己的计划。

因为这类人善于思考，所以他们对很多事情悟性很高，在工作上的进步也很快，很容易获得升职加薪的机会。但是，在工作中，虽然拥有深度思考的能力非常重要，可思考太过深入、时间过长却很容易影响工作的进程。如果这类人能够尝试着适当减少思考的深度，可能也会产生意想不到的奇效，或者试着思考完绝大部分内容之后就开始行动，剩下的部分在行动中思考，这样能提高工作效率。

怀疑论者的责任心也很强，但有一个缺点，就是容易把问题归罪于别人。这缺点背后的原因，也是因为他们的思考力太强，总是觉得别人思考不够深入，做事不够成熟。其实，每个人的性格是不同的，每个人的能力也不同，每个人在工作中发挥的作用也不一样。不要用自己的标准来衡量别人，更不要站在自己的角度过分苛责别人。

如果你遇到这类性格的领导，一定要好好珍惜。因为他总是能够突破自己，越挫越勇，让自己变得更好。他总是有强大的勇气去克服生活中的重重困难，能带领你进入更高的境界。他甚至可以作为你的人生导师，带领你也变得更好。

对于怀疑论者来说，最重要的一点就是，不要对自己有过分苛刻的要求，很多时候，你不必将要完成的事考虑到非常完美才行动，而是可以稍稍早一点开始行动。在行动中思考，或许会有更多的收获。